blv sportpraxis

201 richtig fußballspielen
202 richtig segeln
203 richtig segelsurfen
204 richtig tennisspielen
205 richtig skifahren 1
206 richtig skilanglaufen
207 richtig radfahren
208 richtig rock'n roll tanzen
209 richtig selbstverteidigen
210 richtig jogging-dauerlaufen
211 richtig tischtennisspielen
212 richtig reiten
213 richtig eislaufen
214 richtig leichtathletik
215 richtig volleyballspielen
216 richtig handballspielen
217 richtig fitnesstraining
218 richtig ski-konditionsgymnastik
219 richtig autofahren, rallyefahren
220 jugend-reiterabzeichen
221 richtig angeln
222 richtig bergsteigen
223 richtig schwimmen
224 richtig skifahren 2

blv sportwissen

401 konditionstraining
402 konditionstests
403 sportmechanik

blv sportpraxis

richtig tennisspielen

Peter Scholl

Dritte, durchgesehene Auflage

BLV Verlagsgesellschaft
München Wien Zürich

CIP-Kurztitelaufnahme der Deutschen Bibliothek

Scholl, Peter:
Richtig tennisspielen / Peter Scholl. – 3., durchges. Aufl. – München; Wien; Zürich: BLV Verlagsgesellschaft, 1981.
(blv sportpraxis; 204)
ISBN 3-405-12263-5
NE: GT

Bildnachweis:
D. Birkner (BLV Archiv Sport) S. 33, 91, 123
Foto Archiv Dunlop S. 13
J. Kemmler (BLV Archiv Sport) S. 15, 42, 43, 44, 45, 46, 54, 55, 60, 61, 62, 63, 68, 69, 70, 71, 72, 79, 80, 81, 88, 92, 93
M. Mühlberger S. 47, 73
Alle anderen Fotos P. Stückl
Titelfoto: P. Stückl
Grafiken: Hellmut Hoffmann

blv sportpraxis 204

Layout: Anton Walter
Druck: Georg Appl, Wemding
Bindung: Großbuchbinderei Monheim

Printed in Germany · ISBN 3-405-12263-5

Vorwort

Über 1 Million Menschen spielen zur Zeit in der Bundesrepublik Deutschland, in Österreich und in der Schweiz Tennis. Der einstige Elitesport ist zum Volkssport geworden.
Trotzdem ist für die nächsten 10 Jahre – wenn der Platzbau Schritt hält – mit einer Verdoppelung der Tennisspieler zu rechnen. D. h., daß in dieser Zeit etwa 1 Million Menschen das Tennisspiel erlernen wollen.
Zwar gibt es schon viele Bücher, die sich mit dem Tennissport, mit Tricks und Kniffen das Spiel zu erlernen, beschäftigen, aber die oben genannten Zahlen machen den großen Bedarf an gutem Lehrmaterial deutlich. Es hat sich gezeigt, daß auch ein gutes Lehrbuch nicht den guten Tennislehrer ersetzen kann, aber mancher Tennislehrer wäre wohl dankbar, wenn sein Schüler sich im Eigenstudium den einen oder anderen Bewegungsablauf einprägen würde.
Dazu könnte dieses Buch, das von Peter Scholl auf Grund seiner langjährigen Erfahrung sowohl als aktiver Leistungsspieler – er war Mitglied der Deutschen Davis Cup Mannschaft – als auch als Tennislehrer und -trainer mit viel Sachverstand geschrieben wurde, beitragen. Mit seinen einprägsamen Bildserien ist es für jeden hilfreich, der Tennis von Beginn an bestmöglich erlernen oder der sein Spiel verbessern will.
Ich kann nur wünschen, daß es Peter Scholl und der BLV Verlagsgesellschaft gelingt, mit ihrem Versuch durch ein attraktives Buch in Taschenbuch-Format große Kreise angehender und fortgeschrittener Tennisspieler, vor allem aber auch lernwilliger Jugendlicher, anzusprechen.

Helmut Rüsche
Präsident des Verbandes
Deutscher Tennislehrer eV.

Inhalt

Inhalt

Einleitung

Dieses Buch richtet sich sowohl an denjenigen, der sich gerade anschickt, Tennis kennenzulernen als auch an den Fortgeschrittenen, der auf dem Sprung zum Turnierspieler ist.
Sachlich und klar wird gezeigt und beschrieben, wie man einen Schlag durchführen sollte – und wie nicht. Sie erfahren Grundlegendes über Doppel- und Einzeltaktik, lernen, wie man richtig trainiert und sich optimal auf ein Match vorbereitet.
Sie lernen die kompliziert scheinende Zählweise kennen, erhalten Hinweise darauf, was Sie beim Kauf Ihrer Ausrüstung beachten sollten und wie man sich gegen den Sonnenstich schützt.
Sie lesen, was man tun könnte, um ungetrübten Spaß am Tennis zu finden und wie Sie sich diesen auf Dauer erhalten können.
Schauen Sie rein in dieses Büchlein, wenn Sie ständig die Rückhand verschlagen und trotz wochenlangen Bettelns noch immer keine Trainerstunde haben. Es wird sicherlich den Lehrer nicht ersetzen, Ihnen aber vielleicht die Unsicherheit nehmen und Antwort geben auf viele Fragen, die den Tennisspieler ständig quälen.
Sie wollen Tennis von der Pike auf lernen, besser werden? Dann haben Sie den richtigen Mitarbeiter bereits gefunden.

Übung macht den Meister.

Einführung

Tennis – ein Zauberwort!

Stellen Sie sich vor, Sie stehen auf einem Tennisplatz, Ihrem Partner gegenüber. Etwa einen Meter hinter Ihrer Grundlinie beginnt bereits der nächste Tennisplatz usw. Es würde daraus eine Tenniskette um die ganze Erde entstehen, die etwa einen Meter hinter der Grundlinie Ihres Partners enden würde. So würde es aussehen, wenn jeder deutsche (!!) Tennisspieler zur gleichen Zeit zum Einzelspiel auf einem der Regel entsprechenden Platz antreten würde. Können Sie sich das vorstellen? Tennis hat es geschafft! Es hat sich von den Vorurteilen freigekämpft, mondän, privilegiert, teuer zu sein. Es hat sich bewährt als Sport, als Spiel, als faszinierende Freizeitbeschäftigung. Es hat sich allen Unkenrufen zum Trotz, zum Volkssport, zum Hobby für jedermann gemausert. Jung und alt, Männlein und Weiblein, Betuchte und weniger Betuchte schwingen ihren Tennisschläger.
Auch Sie hat es gepackt. Prima! Warum soll es Ihnen besser gehen als uns? Herzlich willkommen also in der großen Tennisfamilie.
Tennis – ein Modewort?
Ein Schlagwort? Ein Zauberwort!

Wann beginnen?

Fangen Sie morgen an. Jeder Tag, den Sie versäumen, wird Ihnen später leid tun. Nein, Sie sind mit 40, 50 oder 60 noch nicht zu alt. Sie brauchen ja nicht unbedingt Weltmeister zu werden. Ob allerdings Ihr Kind schon mit 6 oder erst mit 12 Jahren anfangen soll, hängt davon ab, ob

- das Kind stark genug ist, einen (Kinder-)Schläger mit einer Hand am Schlägergriff so zu halten, daß das Handgelenk nicht nach unten abknickt.
- es von sich aus Lust hat zu spielen und nicht, weil Mutter und Vater es so wollen.

Zwingen Sie Ihr Kind nicht zum Tennis, sonst wird es diesen herrlichen Sport niemals lieben lernen.

Wo beginnen?

Wer die Wahl hat, hat die Qual. Leider hat man sehr oft diese Qual nicht, da die Wahl zwischen verschiedenen Tennis-Clubs fehlt. Die Nachfrage hat das Angebot längst überflügelt. Seien Sie deshalb nicht allzu wählerisch. Packen Sie zu, wenn Sie die Möglichkeit haben, Mitglied eines Clubs zu werden, auch wenn die Anfahrt 7 Minuten länger ist als zu einem anderen, auch wenn die unmögliche Frau Meier im Vorstand dieses Vereins ist. Reservieren Sie sich einen Platz auf der Mietanlage – wenn Sie einen bekommen – auch wenn Sie viel lieber einem Club beitreten würden. Fangen Sie an. Hinter Ihnen steht eine ganze Reihe von Möchte-gern-Tennisspielern – in Deutschland wird die Zahl auf 6,5 Millionen geschätzt – die an Ihren Platz treten würden. Den Club, die Anlage, den Verein wechseln können Sie auch später noch.
Also, hinein ins Vergnügen . . .

Wie beginnen?

Richtig! Oder besser so richtig wie möglich. Die Do-it-yourself-Methode ist selten geeignet. Es macht sich bezahlt hinterher, nach ein, zwei Jahren, wenn die Tennis-Grundschläge einigermaßen gut beherrscht werden. Wenn Sie feststellen müssen, daß Sie nach anfänglichen Fortschritten »stehenbleiben«. Wenn der Klassenunterschied zu Ihrem Nachbarn, der mit Ihnen angefangen hat, immer größer wird, »bloß«, weil der Trainerstunden nimmt oder genommen hat. Also? Lernen Sie von der Erfahrung anderer. Nehmen Sie jetzt, am Anfang, ein paar Trainerstunden, wenn möglich vom besten Trainer, den Sie bekommen können. Und wenn das nicht klappt? Dann lesen Sie dieses Büchlein noch sorgfältiger durch – vor allem die Seiten 56–59 »Ratschläge zum Selbstlernen«.

Tennis – einst und heute

Es war einmal vor vielen Jahrhunderten . . . Man kann in der Tat die Vorläufer des Tennis bis ins 11. Jahrhundert zurückverfolgen. Schon damals wurden Bälle über Netze geschlagen, mit der bloßen Hand, mit Leder geschütztem Arm und im 16. Jahrhundert bereits mit saitenbespannten Holzrahmen. Bis vor etwa 100 Jahren wurde »Tennis« ausschließlich in Hallen gespielt, weil die Bälle aus Leder, Stein, Kork oder Leinen auf »Naturboden« nicht sprangen. So gab es in Europa – vor allem an den Fürstenhöfen – Hunderte von Ballhäusern. Allein in Paris standen um 1600 250 dieser »Tennishallen«, die dann mit der französischen Revolution wieder verschwanden bzw. zweckentfremdet wurden. Als gegen 1850 die ersten Gummibälle verwendet wurden, konnte dieses Spiel mit dem Schläger und Ball endlich auch im Freien betrieben werden. So dauerte es auch gar nicht allzu lange (1874) bis ein Major der britischen Armee das Rasenspiel patentieren ließ, das alle als Tennis kennen. Die bis zum heutigen Tag kaum veränderten Spielregeln wurden 1877 festgelegt und zum ersten Wimbledon-Turnier vor fast genau

hundert Jahren erstmals angewendet.
In Deutschland hat man in Bad Homburg (1876) die ersten Bälle geschlagen, in Baden-Baden das erste Turnier gespielt (1884) und 1902 den Deutschen Tennis Bund gegründet. Damals schlossen sich schon 280 (!) Clubs diesem Bund der Vereine an, einige mit nur einem Platz. Heute 79 Jahre danach, zählt der DTB ca. 5000 Vereine. Die erste offizielle Mitgliederzahl aus dem Jahre 1906 weist 8577 Spieler auf; es sind daraus über 100mal soviel geworden, die organisiert einem Verein angehören. Tennis ist zum echten Volkssport geworden. Warum allerdings Tennis zum »Weißen Sport« avancierte, ist nur zu vermuten. Viele der vor Jahrhunderten gebauten Ballhäuser waren schwarz bemalt. Aus Kontrastgründen – so ist anzunehmen – trugen die Wettkämpfer weiße Kleidung, schlugen weiße Bälle. Das hat sich bis heute (fast) nicht geändert.

Wimbledon ist Austragungsort der »All England Lawn Tennis Championships«, der traditionsreichsten Meisterschaft der Tenniswelt. Hier der Centre Court der weitläufigen Anlage.

Ausrüstung

Die tennisgerechte Bekleidung ist zweckmäßig und bequem. Lassen Sie sich nicht von der Vielfalt des Angebots verwirren. Suchen Sie sich aus der bunten Palette das aus, was Ihnen und zu Ihnen paßt. Dann werden Sie sich auf und außerhalb des Platzes wohlfühlen.

Blusen, Hemden und T-Shirts
Achten Sie darauf, daß diese weder zu eng sitzen noch an Ihnen herumflattern. Beides behindert die Bewegungsfreiheit. Wählen Sie schweißaufsaugendes Material.

Shorts und Rock
Rock und Shorts sollten exakt passen. Sie dürfen nicht so eng sein, daß beim Einatmen Knöpfe abreißen, bei der Kniebeuge Nähte platzen. Auch nicht zu locker, da ständiges Zurechtrücken oder Hochziehen erheblich stört.

Zusätzlich:
Pullover und Weste
Sie gehören unbedingt zur Ausstattung des Tennisspielers. Bei kühler Witterung, nach dem Match und vor allem zum Einschlagen benötigen Sie den Pullover. Er hält die Muskeln warm und beugt Verletzungen vor.

Socken
Sparen Sie nicht an den Socken. Wählen Sie solche, die innen weich und schweißaufsaugend (Plüscheinlage), jedoch außen glatt sind, was die Reibung dämpft und somit Entzündungen und Blasen verhindert.

Ausrüstung

Kopfbedeckung
Tragen Sie eine Kopfbedeckung. Evtl. mit Sonnenschild, wenn Sie gegen Sonne empfindlich sind. Wählen Sie eine, die in der Größe verstellbar ist. So kann sie problemlos Ihrer Haartracht angepaßt werden. Lange Haare werden am besten von einem Stirnband zusammengehalten.

Schuhe
Suchen Sie Ihre Schuhe besonders sorgfältig aus. Sie sollen gut sitzen und optimalen Halt bieten.
– Wählen Sie eine elastische, griffige Sohle, gut abgefüttertes, atmungsaktives Obermaterial. Spielen Sie in der Halle mit speziellen Schuhen mit glatter Sohle. Verletzungen durch abruptes Abstoppen werden so verhindert.

Ausrüstung

Der wichtigste Ausrüstungsgegenstand ist zweifellos der Schläger. Unendlich groß ist das Angebot der Holz-, Metall- und Kunststoffrahmen. Aber so, wie Sie sich beim Kauf des Autos nicht nur nach der Farbe und Höchstgeschwindigkeit richten, sollten Sie auch hier sorgfältig auswählen. Nehmen Sie sich daher Zeit.

Da der Schläger Ihrer *Konstitution* und *Handgröße* entsprechen soll –

- **darf der Schläger nicht zu schwer sein**
  er belastet Handgelenk und Armmuskulatur zu sehr. Leichte (L) und leicht-mittelschwere (L/M) Rahmen sind daher für Damen und Jugendliche, mittelschwere (M) und schwere (T) für Herren zu empfehlen.
- **darf der Griff nicht zu dick sein**
  die Finger können ihn nicht fest genug fassen.
- **darf der Griff nicht zu dünn sein**
  er dreht sich zu leicht in der Hand.

Probieren Sie verschiedene Griffstärken aus. Die Finger sollen beim Zupacken bequem am Griff anliegen. Dabei sollte zwischen Daumenballen und Fingerspitzen etwa eine Daumenbreite Spielraum sein.

Kinder spielen normalerweise mit Griffstärke 1–3, Damen mit 3–5, Herren mit 5–8.

Wählen Sie, wenn Sie anfangen, einen *Holzschläger.* Mit ihm können Sie den Ball gut kontrollieren. Nur der erfahrene Spieler sollte zu anderen Rahmen greifen.

Die Besaitung

So wie beim Auto die Qualität und der Luftdruck der Reifen über Fahrverhalten und Sicherheit bestimmen, so beeinflussen die

1 Speckbrett
2/3 Jugendschläger
4 Normalschläger

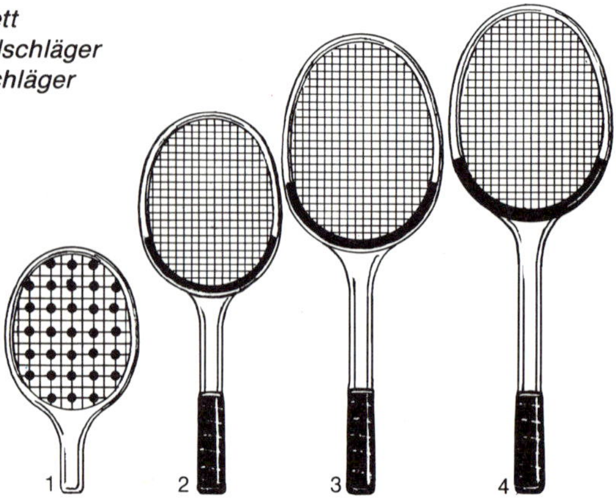

Stärke und die Qualität der Saite sowie die Bespannungshärte die Ballkontrolle erheblich. Da die optimale Elastizität der Bespannung angestrebt wird, sollten diese Kriterien aufeinander abgestimmt werden.
Wählen Sie daher –

- **keine zu dünne Saite** sie ist nicht widerstandsfähig und reißt schnell.
- **keine zu dicke Saite** sie ist haltbarer, aber kaum elastisch.
- **keine zu harte Besaitung** sie wirkt wie ein Brett, gefühllos, Bälle sind schwer kontrollierbar.
- **keine zu weiche Besaitung** mit ›Hängematten‹ ist der Schlag-Kraftaufwand zu groß.

Mittelstark sollte Ihre Saite sein (Nr. $8^1/_2$–9).

Mittelhart sollte Ihr Schläger bespannt werden (20–21 kg).

Überlassen Sie extreme Abweichungen dem Spezialisten. Lediglich die *Qualität* der Saite wird vom Preis bestimmt. Entscheiden Sie sich im Zweifelsfall für die bessere, d. h. elastischere Besaitung. Wählen Sie dagegen die witterungsbeständige und preiswerte Kunstsaite für Ihren Zweit- bzw. »Regenschläger«.

Pflegen Sie Ihren Schläger. Lakkieren Sie ihn regelmäßig (Schutz gegen Feuchtigkeit). Erneuern Sie das Griffband, wenn es verschwitzt und nicht mehr griffig ist. Und bewahren Sie das Rakett stets in einer Hülle auf.

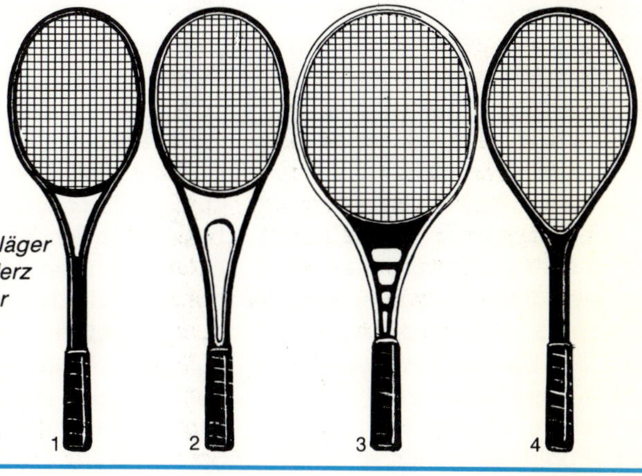

1 Kunststoffschläger mit offenem Herz
2 Metallschläger
3 Schläger mit übergroßer Schlagfläche
4 Moderne Schlägerform

Die Zählweise

»Wie steht's?« – »5/3 im dritten und 30/15 – gleich Match-Ball.« Sicherlich haben Sie so etwas oder ähnliches schon gehört . . . und nicht verstanden. Dabei ist die Tenniszählweise eigentlich ganz einfach.
Um ein **Match** zu gewinnen, muß man zwei von höchstens drei, bei großen Turnieren drei von höchstens fünf Sätzen für sich entscheiden. Letzteres allerdings nur als Mann.
Einen **Satz** gewinnt man, sobald man 6 Spiele für sich gebucht hat. In Zahlen ausgedrückt lautet das Satzergebnis 6/4, 6/3, 6/2, 6/1 oder 6/0. Gelingt es nicht, das sechste Spiel zu erkämpfen, bevor der Gegner das fünfte gewinnt, wird so lange weitergespielt, bis einer zwei Spiele mehr für sich entscheidet als der andere.
Ein **Spiel** ist dann siegreich beendet, sobald man vier Punkte für sich gutschreiben kann. Erreicht der Gegner drei Punkte, bevor man den vierten für sich entschieden hat, so wird so lange weitergekämpft, bis einer zwei Punkte mehr erreicht als der andere.
Der einzelne **Punkt,** den man durch eigene Fehler verliert oder durch Fehler des Gegners gewinnt, wird, im Unterschied zu anderen Ballspielen, 15, 30, 40 und Spiel gezählt. Der Spielstand von 40/40 wird mit Einstand bezeichnet, jeder weitere, vor Erreichen des Zwei-Punkte-Abstands, erzielte Punktestand heißt Vorteil Aufschläger bzw. Rückschläger.
Der Spielstand, bei dem der Aufschläger zuerst genannt wird, kann demnach lauten:
15/0, 30/0, 40/0 bzw. umgekehrt; 30/15, 40/15, 40/30 bzw. umgekehrt; sowie 15/15, 30/30 und 40/40 oder Einstand. Wenn nach Einstand der nächste Punkt vom Aufschläger gewonnen wird, steht es Vorteil Aufschläger, andernfalls Vorteil Rückschläger.
Gerade am Anfang, wenn Sie noch keine offiziellen Wettkämpfe bestreiten, sondern nur zum Spaß zählen, sind Sie Spieler und Schiedsrichter in einer Person. Alle Bälle auf Ihrer Platzhälfte entscheiden Sie. Tun Sie das klar und deutlich – und fair, selbst wenn's manchmal schwerfällt, einen Ball des Gegners gut zu geben, der gerade noch so die Linie berührt hat.
Soweit die Zählweise. Kompliziert? Nach ein paar Trainingsmatches ist Ihnen das alles bereits in Fleisch und Blut übergegangen.

Tie-break

Erreicht ein Satz den 6/6 Spielstand, wird neuerdings der Tie-break angewendet. Das 13. Spiel entscheidet den Satz. Dazu benötigt man 7 der 12 Tie-break-Punkte; dann gewinnt man den Satz mit 7/6. Bei 6/6 Punktegleichstand muß man zwei Punkte mehr machen als der andere (im Tie-break-Spiel wird 1/0, 2/0 usw. gezählt).

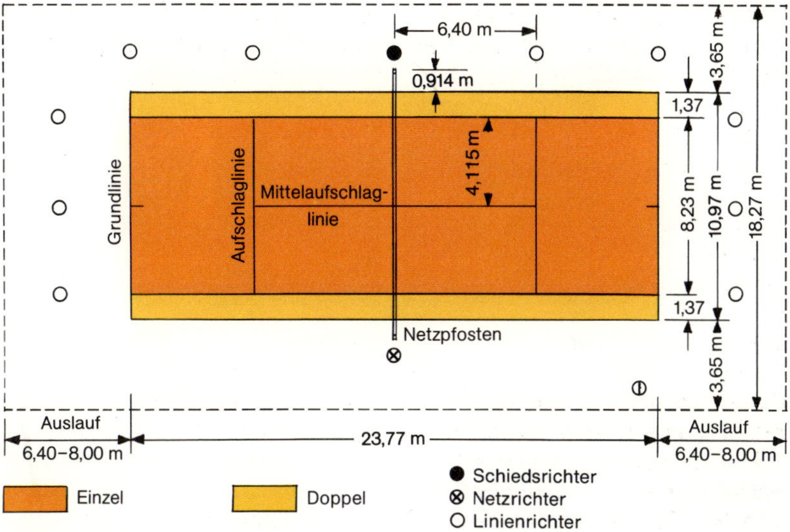

Tennis wird nahezu überall gespielt. Auf Gras, Asphalt, Beton, Sand, Zement, Lehm, Kuhmist (Indien), Holz, Kunststoff, Ziegelmehl usw. Jeder Platz hat andere Spieleigenschaften, da die Bälle verschieden springen. Die in Europa am häufigsten verwendeten Plätze:

Sandplatz

Dieser »Sandplatz« ist ein (Dach-) Ziegelmehl-Platz. Der Ball springt »normal« ab. Er gilt als langsam, braucht Pflege (Platz abziehen, Linien kehren, Spritzen bei Trockenheit), da sonst die Bälle verspringen. Der »rote« Platz schont die Gelenke und ist fußfreundlich, man kann rutschen. 90% unserer Plätze sind Sandplätze.

Grasplatz

Er ist hauptsächlich in England (Wimbledon) und Australien verbreitet, da er nur in feuchtem Seeklima gehalten werden kann. Der Ball springt flacher und schneller weg, was das Aufschlagspiel-Netzspiel geradezu herausfordert. Man kann auf Gras nicht rutschen.

Hartplatz

Er hat eine pflegeleichte Oberfläche aus verschiedenen Materialien, auf der der Ball flacher und meist schneller wegspringt. Das Netzspiel wird wie auf Gras bevorzugt. Manche Hartplätze strapazieren Gelenke und Beinmuskulatur. Achten Sie auf geeignetes, rutschfreundliches Schuhwerk.

Der Platzwart etc.

Platzwart

Der Platzwart ist der ungekrönte König des Clubs. Mit ihm dürfen Sie sich's auf keinen Fall verderben. Wenn er will, haben Sie stets einen frisch gespritzten, bestens abgezogenen Platz. Wenn er nicht will, laufen Sie im knietiefen Staub – oder machen den Platz selbst. Behandeln Sie ihn freundlich und nicht von oben herab. Es lohnt sich.

Sekretär

Der Clubsekretär gilt als »graue Eminenz« des Vereins. Es stimmt. Er hat überall seine Finger »drin«, weiß über alles und jeden Bescheid und kann sich – wenn er's für richtig hält – für Sie einsetzen. Ob er's für richtig hält, hängt von Ihnen ab.

Trainer

Der Tennislehrer ist eigentlich auf Sie angewiesen. Aber da es in Deutschland mindestens 5000 gute Tennislehrer zu wenig gibt, ist es zur Zeit umgekehrt. Für Sie als Anfänger ist er vielleicht der wichtigste Mann des Clubs. Wenn Sie nicht schon eine Stunde bei ihm haben, bleiben Sie am Ball. Fragen Sie ihn immer wieder. Irgendwann hat er auch für Sie Zeit. Und sei es eine Ausfallstunde. Schreiben Sie ihm Ihre Telefonnummer und den Namen auf.

Gastwirt

Der Ökonom sorgt für Ihr leibliches Wohl. Er zapft das Bier, gießt den Schnaps ein, schenkt den Wein aus. Er sorgt für zartes Fleisch, frisches Gemüse, leckeren Kuchen. Er bringt Ihnen morgens den Kaffee und bedient Sie nachts um zwei an der Bar. Er macht's gern. Essen Sie mal bei ihm, trinken Sie mal ein kühles Helles.

Partner

Auch Ihr Partner ist vielleicht Anfänger. Auch die Partnerin hat gerade begonnen. Sie alle haben das gleiche Problem: Sie brauchen regelmäßig einen Mitspieler. Regelmäßig, wohlbemerkt, denn gerade zu Beginn ist es zu wenig, wenn man alle drei Wochen einmal eine halbe Stunde Bälle schlägt. Seien Sie daher kompromißbereit, nicht zu anspruchsvoll. Er redet nun mal gern über seinen neuen Stahlschläger, und sie findet ihre Frisur geradezu ideal zum Tennisspielen. Was soll's? Erwarten Sie nicht zu viel von Ihren Spielgenossen. Seien Sie froh, daß sie Zeit haben und sich in dieser Hinsicht nach ihnen richten können. Sie brauchen ja nicht nur mit ihm oder ihr zu spielen. Zwei, drei feste Partner wären schon gut. Denn wollen Sie wirklich vier Wochen auf Ihr Tennis verzichten, wenn Ihr Stammspieler krank, auf Geschäftsreise, in Urlaub ist?

3-S-System

Es gibt hunderterlei Gründe, warum man zum Tennisschläger greift, warum man bereit ist, stundenlang dem kleinen, weißen Ball nachzujagen.
Vielleicht haben Sie sich darüber noch keine Gedanken gemacht. Vielleicht ist es auch gar nicht von Bedeutung, warum Sie Tennis spielen. Wichtig allein ist, daß Sie es tun. Und Sie tun's, weil Ihnen Tennis bewußt oder unbewußt das bietet, was Sie von einem Hobby erwarten. Schauen Sie sich die nächste Seite genau an.
Es zeigt alles, was Tennis bedeuten sollte: Tennis sollte für alle, die es nicht von berufswegen betreiben, zu drei gleichen Teilen aus **Spaß**, **Spiel** und **Sport** bestehen.

Und das sollten die Hobby-Tennisspieler sich unter Spaß, Spiel und Sport vorstellen:

1	Spaß	Freude haben, sich entspannen, Geselligkeit, lachen, sich mitteilen, sich amüsieren, Freunde finden . . .
2	Spiel	sich ablenken, sich zerstreuen, etwas unternehmen, Abwechslung, aktiv sein, Fehler machen, Punkte machen, spielen . . .
3	Sport	sich bewegen, fit bleiben, sich anstrengen, sich erproben, sich einordnen, kämpfen, verlieren, gewinnen, fair sein . . .

Herrlich: Also nichts Negatives? Wo bleiben all die gräßlichen Dinge, die angeblich auch mit Tennis etwas zu tun haben sollen: sich drücken, mogeln, angeben, aufschneiden, arrogant sein, intolerant sein, neidisch sein, ungerecht sein, rücksichtslos sein, enttäuscht sein, übervorteilt werden . . .?

Sie fehlen, sie existieren nicht mehr für die Anhänger des »3-S-System«.

Auf diese Weise wird Tennis für alle, die diesen Sport betreiben zur erholsamen Freizeitbeschäftigung zur körperlichen Fitnesshilfe und zum Lifetimesport. (Das gilt übrigens auch für Leistungssportler.)

Ausgangsstellung

Die Ausgangsstellung kann man mit der Startposition beim 100-m-Lauf vergleichen. Sie muß genau stimmen, wenn ein optimaler Start erfolgen soll.
Achten Sie daher sorgfältig auf die richtige Ausgangsstellung, da Sie nicht nur jeden Aufschlag, sondern eigentlich jeden Grundlinienschlag in dieser Stellung erwarten sollten. Das bedeutet, daß auch während des Spiels immer wieder versucht werden muß, diese Position einzunehmen.
Aufstellung frontal zum Netz 1–5 Fußlängen hinter der Grundlinie. Die Beine sind dabei hüftbreit gegrätscht. Die Knie sind gebeugt, der Oberkörper ist nach vorne geneigt. Das Körpergewicht liegt mehr auf den Fußballen und Zehen, so daß man leicht nach allen Seiten starten kann.
Die Arme sind etwas angewinkelt. Die rechte Hand hält den Schläger, **die linke unterstützt ihn am Schaft.** Der Schläger wird vor dem Körper (s. unten) gehalten. Die Schlägerspitze zeigt zum Gegner. Die Augen sind konzentriert auf den Ball gerichtet. Mit welchem Griff (Vor- oder Rückhandgriff) man in der Ausgangsstellung den Schläger hält, ist im Prinzip egal. Vielleicht empfiehlt es sich jedoch den Griff des Schlages zu wählen, der mehr Schwierigkeiten macht. Man ist dann für diesen Schlag stets bereit.

Ausgangsstellung von vorne,

von der Seite.

Häufige Fehler

Der Spieler steht mit steifen Beinen wie ein Zinnsoldat (Bild oben). Um schnell nach links oder rechts reagieren zu können, müssen die Beine und Hüfte gebeugt sein. Mit steifen Beinen kann man sich nicht abstoßen.

Die Füße stehen zu dicht nebeneinander (Bild mitte). Der Spieler verliert so leicht die Balance, vor allem bei schnellen Aufschlägen, wenn er für einen Schritt keine Zeit hat und nur mit Gewichtsverlagerung reagiert. Die Füße sollen daher schulterbreit auseinanderstehen.

Der Schlägerkopf hängt weit nach unten, das Handgelenk ist abgeknickt (Bild unten). So kann der Spieler den Schläger nicht fest greifen. Er muß den Schlägerkopf erst nach oben in die richtige Ausgangsstellung bringen, wenn er einen guten Rückschlag machen möchte. Die Schlägerfläche soll daher stets über der Hand gehalten werden (s. linkes Bild).

Bemerkung: Im folgenden wird bei Haltungs- oder Bewegungsbeschreibungen immer vom Rechtshänder ausgegangen.

Technik

Mit der Vorhand werden alle rechts von Ihnen aufspringenden Bälle geschlagen. Voraussetzungen für die richtige Vorhand sind:

- der **korrekte Griff** – die Art, wie die Finger den Schlägergriff umfassen.
- der **korrekte Schwung** – die Art, wie der Schlag ausgeführt wird.
- die **korrekte Beinarbeit und Balance** – die Art, wie die Füße gesetzt, das Gewicht verlagert wird.

Der korrekte Griff

Hier wird der ideale Griff beschrieben. Minimale individuelle Veränderungen sind normal. Zu vermeiden sind jedoch unbedingt extreme Abweichungen.

Bildreihe von oben nach unten:

Der Schläger wird mit der linken Hand am Schlägerhals gehalten. Die Schlägerfläche steht senkrecht.

Die Handfläche der rechten Hand wird auf die Schlägerfläche gelegt. Beide Arme sind leicht angewinkelt.

Die rechte Handfläche rutscht am Schlägerschaft herunter bis zur rechten Breitseite des Griffes.

Die Finger werden um den Griff geschlossen. Sie halten jetzt den Schläger mit dem korrekten Vorhandgriff.

1

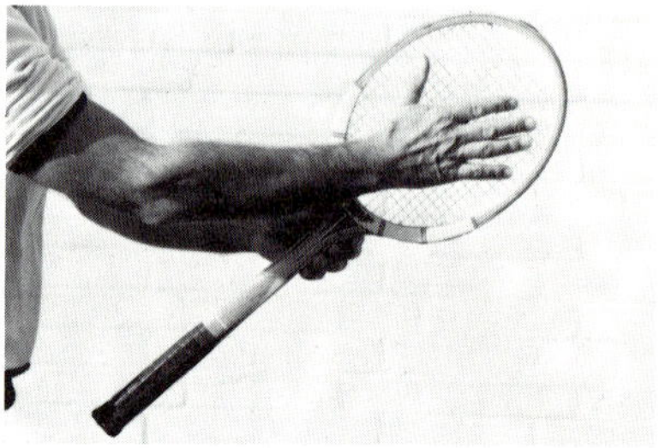

2

3

4

Vorhand

Bildreihe von oben nach unten:
Die Finger fassen schräg nach vorne bequem den Schlägergriff, die Fingerspitzen liegen, wie der Daumen, an dessen linker Breitseite an. Der Daumen berührt den Mittelfinger.

Das Griffende des Schlägers schließt mit dem Handballen ab, der an der rechten Breitseite des Griffes anliegt. Der Schlägergriff soll weder zu weit vorne noch zu weit hinten gefaßt werden.

Mittel- und Zeigefinger berühren sich nicht. Der Zeigefinger ist abgespreizt, als ob er am Abzug einer Pistole läge. Die Handfläche umschließt die rechte Breitseite des Schlägergriffes.

Das Handgelenk ist zum Handrükken hin **leicht** abgeknickt (geöffnet)! Schläger und Unterarm bilden – von oben gesehen – einen stumpfen Winkel.

Besonders wichtig:
Halten Sie den Schlägergriff entspannt in der Hand. Nur beim Zuschlagen (Ballkontakt) fest zupakken, wobei hauptsächlich die beiden kleinsten Finger den Schläger halten, die drei anderen in erster Linie für die Schlagkontrolle sorgen sollen.

1

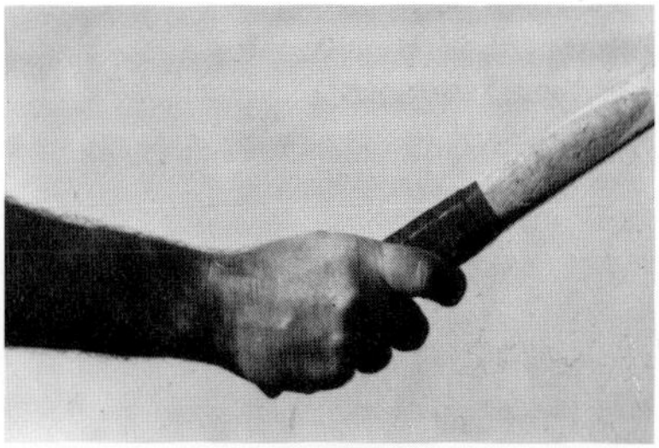

2

3
4

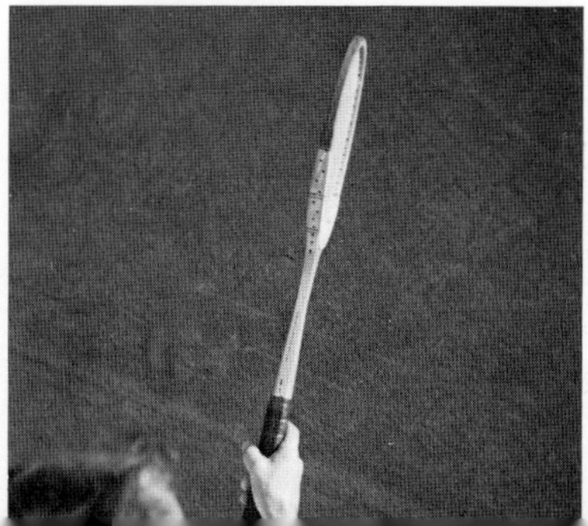

Der hier beschriebene Schlag ist die gerade Vorhand. Der Ball erhält dabei absichtlich keinen Drall.

Der korrekte Schwung

Die richtige Schwungbewegung hat die Form einer flachen Schleife. Man unterscheidet dabei zwischen drei Schwungphasen:

1. Ausholbewegung (schwarz)
2. Schlagbewegung (rot)
3. Ausschwungbewegung (grün)

Trotzdem darf der Schlag kein Aneinanderreihen von einzelnen Aktionen sein, sondern eine durchgehende, fließende Bewegung. Vor allem beim Übergang von der Ausholbewegung in die Schlagbewegung muß darauf geachtet werden, daß keine »Pause« entsteht.

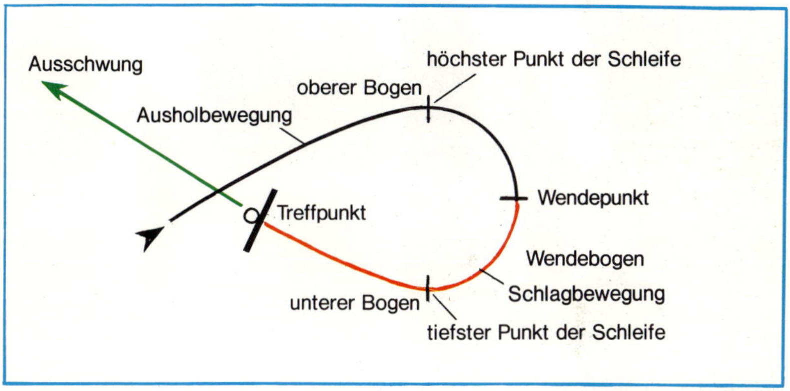

Ausgehend von der Ausgangsstellung – die Schultern stehen parallel zum Netz – wird der korrekte Vorhandschwung in der rechten Seitstellung durchgeführt. Nur die linke Schulter zeigt zum Netz. Gute Beinarbeit und Balance sind dabei wichtige Hilfen, um in diese Seitstellung zu gelangen.

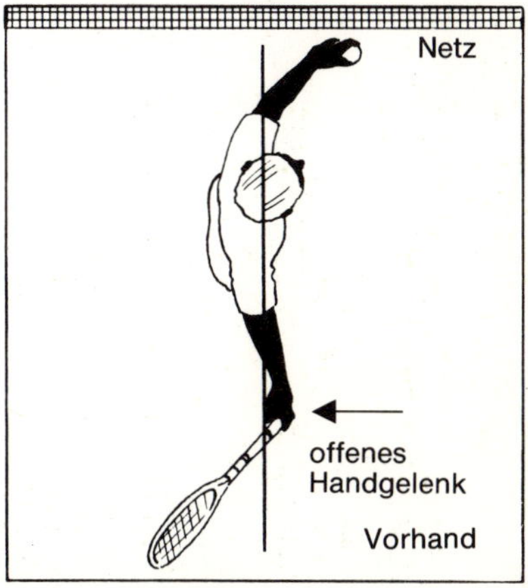

◁ *Björn Borg demonstriert einen Vorhandschlag.*

1

2

Ausholbewegung

Ausgangsstellung Vorhandgriff

Die Ausholbewegung wird eingeleitet durch kurzes Verlegen des Körpergewichtes auf Ihren linken Fuß (1). Dann macht der rechte Fuß auf der Ferse eine Drehung oder einen kleinen Schritt etwa parallel zur Grundlinie. Dabei dreht sich die linke Schulter zum Netz. Schieben Sie das Gewicht auf den rechten Fuß während Sie gleichzeitig Unterarm und Schläger leicht heben und zurückführen. Die linke Hand löst sich vom Schläger (2).

3

4

Der Schläger macht einen Bogen nach hinten oben, analog der Schleife. Strecken Sie den Arm dabei locker aus, während der Schläger den äußersten Punkt der Ausholbewegung (Wendepunkt s. Graphik S. 29) erreicht und öffnen Sie das Handgelenk (3 + 4). Die Ellbogenspitze zeigt dabei stets nach unten. Machen sie gleichzeitig mit dem linken Fuß einen Schritt dem Ball entgegen (4). – Die gesamte Ausholbewegung verläuft ruhig, beinahe langsam.

Besonders wichtig:
Holen Sie rechtzeitig aus, lieber zu früh als zu spät. Spätes Ausholen führt zu hastigen Schlägen.

5

Schlagbewegung

Verlagern Sie mit Beginn der Schlagbewegung das Körpergewicht auf den linken Fuß. Schwingen Sie gleichzeitig den Schläger nach unten und weiter nach vorne aufwärts in die gedachte Schlagrichtung. Die Schlägerspitze wird dabei erheblich beschleunigt. Die Ellenbogenspitze zeigt weiter nach unten. Strecken Sie leicht das gebeugte linke Bein, während Sie den Schläger dem Ball entgegenschwingen. Behalten Sie unbedingt die Seitstellung bei.

6

Treffpunkt

Die Schlägerfläche trifft den Ball vor Ihrer linken Hüfte, etwa in Höhe der schlägerhaltenden Hand. Die Schlägerfläche steht dabei senkrecht zur gedachten Schlagrichtung. Ihr Schlagarm ist locker gestreckt. Ihre Hand ist fest, aber nicht verkrampft um den Griff geschlossen. Ihre linke Schulter zeigt noch immer zum Netz. Das Körpergewicht ist vollständig auf den linken Fuß verlagert. Der linke Arm sorgt für Balance. Ihr Auge fixiert den Ball.

Ausschwungbewegung

Schwingen Sie Schlagarm und Schläger durch den Treffpunkt voll nach vorne aufwärts. Achten Sie darauf, daß während dieser Schwungphase die Schlägerfläche möglichst lang in die gewünschte Schlagrichtung geführt wird. Durch den Schwung der Bewegung wird Ihre rechte Schulter vorgezogen, der Oberkörper aus der Seitenstellung in die frontale Stellung gedreht. – Dadurch kann die Schlägerfläche freier und wesentlich länger hinter dem Ball herschwingen, was dem Schlag die notwendige Kontrolle gibt. Am Ende der Ausschwungbewegung zeigt die Schlägerspitze in die gewünschte Schlagrichtung bzw. pendelt der Schläger locker über der linken Schulter aus.

Demonstration der Schlagbewegung. Deutlich, wie gut hier der Ball mit den Augen fixiert wird.

Vorhand richtig

Nur wenn die Beine im Kniegelenk vorbildlich gebeugt sind, kann die Schlägerfläche locker von unten nach vorne oben gegen den Ball schwingen.

Die Ausholbewegung beginnt mit dem oberen Bogen der Schleife. Die Schlägerfläche kann nach diesem kraftsparenden Schwungholen locker – ohne jede Verkrampfung – zum Ball schwingen.

Hier wurde das Körpergewicht zum Treffpunkt voll auf den linken, vorderen Fuß verlagert. Die Schlagbewegung wurde dadurch unterstützt. Der Ball wird schneller und kann genauer plaziert werden.

Vorhand falsch

Die Knie sind durchgedrückt, die Beine dadurch steif. Der Spieler hat Probleme, vor allem mit tiefe-ren Bällen. Er trifft sie nicht sau-ber, macht unnötige Fehler, da er zum Ausgleich das Handgelenk nach unten kippen muß.

Der Schläger wird direkt aus der Ausgangsstellung nach hinten ge-führt. Die folgende Schlagbewe-gung wird dadurch abgehackt, unrhythmisch eingeleitet, da es am Ende der Ausholbewegung zu ei-ner Unterbrechung kommt. Außer-dem wird zum Nach-vorne-Schwingen dreimal soviel Kraft benötigt als beim Ausholen in der Schleife.

Trotz korrekter Seitstellung bleibt das Gewicht während der Schlag-bewegung auf dem rechten Fuß. Der Ball ist dadurch schwer zu kontrollieren, denn Gewichtsverla-gerung und Schlagbewegung sind entgegengesetzt gerichtet.

Die hier aufgeführten Vorhand-Fehler existieren entsprechend auch bei der Rückhand (siehe auch Rückhand-Fehler S. 49).

Technik

Mit der Rückhand werden alle links von Ihnen aufspringenden Bälle zurückgeschlagen. Voraussetzung für die richtige Rückhand sind (siehe Kap. Vorhand S. 26):

- der korrekte Griff
- der korrekte Schwung
- die korrekte Beinarbeit und Balance.

Der korrekte Griff

Hier wird der Ideal-Griff beschrieben. Minimale individuelle Abweichungen und Veränderungen sind normal. Vermeiden Sie jedoch unbedingt extreme Abweichungen.

Der Schläger wird mit der linken Hand am Schlägerhals gehalten. Die Schlägerfläche steht dabei senkrecht!

Der Griff ist zunächst der gleiche wie bei der Vorhand (Siehe S. 26). Die linke Hand unterstützt weiterhin am Schlägerhals.

Die rechte Hand wird jetzt so weit nach links um den Schlägergriff gedreht, bis der Schläger von oben gesehen die geradlinige Verlängerung des Unterarmes bildet.

Vom Vorhand- zum Rückhand-Griff oder umgekehrt kommt man, so wie hier, durch Umgreifen. Nach einer gewissen Zeit des Übens verläuft dieser Prozeß automatisch im Unterbewußtsein. – Wählen Sie für die Ausgangsstellung den Griff des Schlages, der Ihnen mehr Schwierigkeiten macht. Dann sind Sie für diesen Schlag stets bereit.

Die Position der einzelnen Finger ist deutlich sichtbar. Sie liegen schräg nach vorne bequem um den Schlägergriff und an der unteren Schlägerfläche an. Der Daumen schließt mehr um den Griff. Er liegt an dessen linker Breitseite und berührt den Mittelfinger.

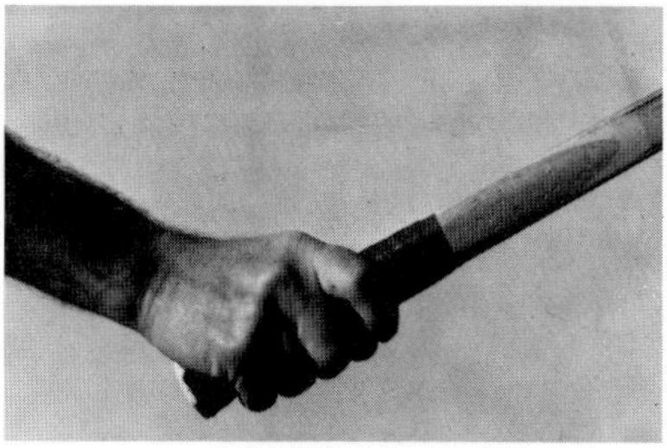

Mittel- und Zeigefinger berühren sich nicht. Der Zeigefinger liegt an der rechten Breitseite des Griffes an. Die Handfläche umschließt die obere Schmalseite des Schlägergriffes.

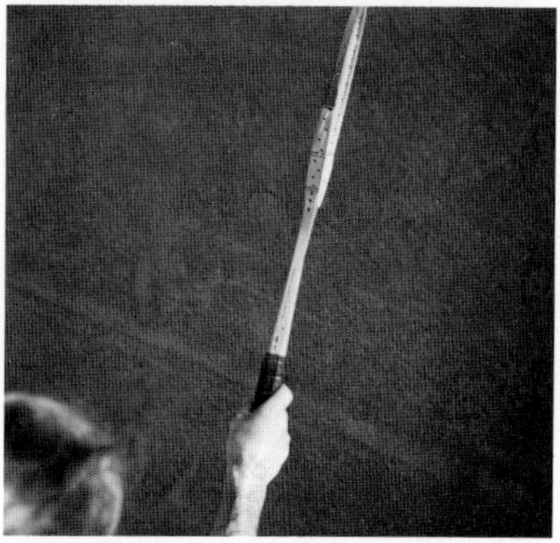

Der Schläger ist die direkte Verlängerung des Armes. Unterarm, Hand und Schläger bilden, von oben gesehen, eine Gerade.

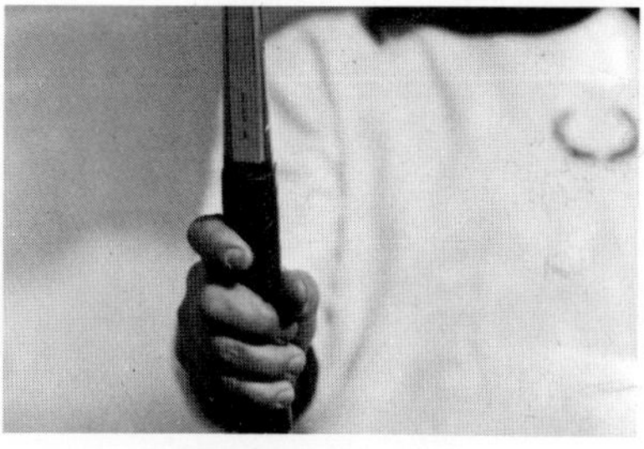

Das Griffende des Schlägers schließt mit dem Handballen ab, der an der oberen Schmalseite des Schlägergriffes anliegt. Sonst wie beim Vorhandgriff.

Besonders wichtig:

Halten Sie den Schlägergriff entspannt in der Hand. Nur im Moment des Balltreffens fest zupakken. So vermeiden Sie Verkrampfung von Finger- und Armmuskulatur.

Der hier beschriebene Schlag ist die gerade Rückhand. Der Ball erhält dabei keinen absichtlichen Drall.

Der korrekte Schwung

Die richtige Schwungbewegung hat die Form einer flachen Schleife. Man unterscheidet dabei zwischen drei Schwungphasen:

1. Ausholbewegung (schwarz)
2. Schlagbewegung (rot)
3. Ausschwungbewegung (grün)

Trotzdem darf der Schlag kein Aneinanderreihen von einzelnen Aktionen sein, sondern eine durchgehende, fließende Bewegung.

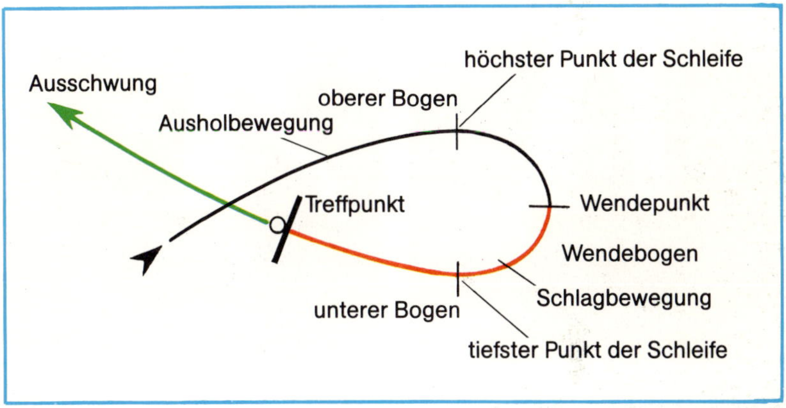

Ausgehend von der Ausgangsstellung – die Schultern stehen parallel zum Netz – wird der korrekte Rückhandschwung in der linken Seitstellung durchgeführt. Die rechte Rückenhälfte zeigt zum Netz. Gute Beinarbeit und Balance sind dabei wichtige Hilfen, um in diese Seitstellung zu gelangen.

◁ *Hohe Ausholbewegung zum Rückhand-Slice (s. S. 60)*

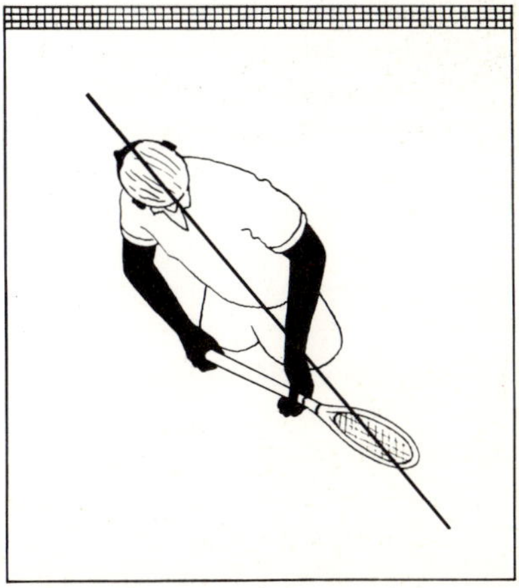

1

2

Ausholbewegung

Ausgangsstellung Rückhandgriff
Die Ausholbewegung wird eingeleitet durch kurzes Verlagern des Körpergewichtes auf den rechten Fuß. Dann macht der linke Fuß auf der Ferse eine Drehung oder einen kleinen Schritt parallel zur Grundlinie. Dabei dreht sich die rechte Schulter zum Netz (1). Das Gewicht wird auf den linken Fuß verlagert, während gleichzeitig Unterarm und Schläger leicht gehoben und zurückgeführt werden. Die linke Hand unterstützt den Schläger (2).

3

4

Der Schläger macht einen flachen Bogen nach hinten oben, analog der Schleife (Graphik S. 41). Der Oberkörper dreht sich weiter als bei der Vorhand und zwar so lange bis die rechte Rückenhälfte zum Netz zeigt (3). Der rechte Fuß macht gleichzeitig einen Schritt dem Ball entgegen (4). – Die gesamte Ausholbewegung verläuft ruhig, beinahe langsam.

Besonders wichtig:
Holen Sie rechtzeitig aus, lieber zu früh als zu spät. Spätes Ausholen führt zu hastigen Schlägen und zerstört den Rhythmus.

5

6

Schlagbewegung

Mit Beginn der Schlagbewegung wird das Körpergewicht auf den rechten Fuß verlagert (5 + 6). Die linke Hand löst sich vom Schläger, der nach unten und weiter nach vorne aufwärts (der untere Bogen der Schleife, Graphik S. 41) in die gedachte Schlagrichtung geschwungen wird. Dabei beschleunigt die Schlägerspitze erheblich. Der Schlagarm streckt sich im Ellenbogen kurz vor dem Treffpunkt. Das gebeugte rechte Bein wird leicht gestreckt, während der Schläger dem Ball entgegenschwingt (6 + 7). Behalten Sie unbedingt die Seitstellung bei: Ihr rechter Fuß bleibt vorne, der linke hinten. Ihr Auge ist – unmittelbar vor dem Ballkontakt – besonders scharf auf den Ball gerichtet.

7

8

Treffpunkt

Die Schlägerfläche trifft den Ball deutlich vor der rechten Hüfte, etwa in Höhe der schlägerhaltenden Hand. Die Schlägerfläche steht dabei senkrecht zur gedachten Schlagrichtung. Der Schlagarm ist locker gestreckt. Die Hand ist fest, aber nicht verkrampft, um den Griff geschlossen. Die rechte Schulter zeigt zum Netz. Das Körpergewicht ist vollständig auf den rechten Fuß verlagert. Der ausgestreckte linke Arm sorgt für Balance. Das Auge fixiert den Ball.

9

10

Ausschwungbewegung

Sie ist die wichtigste Phase des Rückhandschlages. Sie ist für Schlagrichtung, -höhe und -länge verantwortlich.
Schlagarm und Schläger schwingen durch den Treffpunkt nach vorne aufwärts durch. Während dieser Schwungphase wird die Schlägerfläche möglichst lang in die gewünschte Schlagrichtung geführt. Der Oberkörper bleibt während der gesamten Ausschwungbewegung in seitlicher Stellung. Am Ende der Ausschwungbewegung zeigt die Schlägerspitze in die Schlagrichtung. Ein kleiner Schritt mit dem rechten Fuß zurück und man steht wieder in der Ausgangsstellung zum nächsten Schlag bereit.

Ilie Nastase, lange Jahre Spieler der Weltklasse, beherrscht die Rückhand besonders gut.

Rückhand richtig

Der Arm ist im Ellenbogengelenk vorbildlich angewinkelt. Der Schläger schwenkt problemlos in die Schleife. Die Ausholbewegung kann leicht durchgeführt werden.

Einwandfreie Fußarbeit.
Der Oberkörper kann sich so zur Ausholbewegung sauber mit der rechten Rückenhälfte zum Netz drehen, Voraussetzung zum lockeren, freien Nach-vorne-schwingen.

Deutlich sieht man, daß der Schlag in der richtigen Entfernung zum Körper getroffen wurde. Der Schlagarm ist entspannt gestreckt, die Fußstellung vorbildlich. Der Schläger kann frei nach vorne geschwungen werden.

Rückhand falsch

Der Schlagarm ist zum Ausholen am Ellenbogen durchgedrückt, steif. Entspanntes Ausholen ist nicht möglich.

Die Beine bleiben in frontaler Stellung. Dadurch kann sich der Oberkörper nicht frei drehen. Eine korrekte Ausholbewegung ist nicht möglich. Durch das mangelhafte Ausdrehen des Oberkörpers fehlt zur Schlagbewegung der optimale Schwung.

Der Ball wird zu nahe am Körper getroffen. Das Körpergewicht kann nicht auf den rechten Fuß verlagert werden, ein voll durchgeschwungener Schlag ist nicht möglich.

Die hier aufgeführten Rückhand-Fehler existieren entsprechend auch bei der Vorhand – siehe auch Fehler bei der Vorhand (S. 37).

Technik

Tips für Vor- und Rückhand

Damit Sie stets Freude mit Ihrer Vor- und Rückhand haben.

Achten Sie auf den korrekten Griff

Er ermöglicht beste Kraftübertragung, frühes Treffen und langes Führen des Balles – also optimale Kontrolle. Nach dem Schlag, Hand entspannen.

Holen Sie rechtzeitig zum Schlag aus

Schon während des Laufens muß mit dem Ausholen begonnen werden. Hastiges, verspätetes Ausholen führt zu unkontrollierten und erfolglosen Schlägen.

Achten Sie auf korrekte Fußstellung

Setzen Sie den linken (Vorhand) bzw. rechten Fuß (Rückhand) dem Ball entgegen. In der offenen Stellung kann das Gewicht nicht optimal in den Schlag gelegt werden.

Treffen Sie den Ball mit festem Handgelenk

So vermeiden Sie Fehler und können den Schlag gut kontrollieren. Abgesehen von der besseren Ballkontrolle schont dieses Feststellen auch ihr Handgelenk.

Schwingen Sie bewußt hinter dem Ball her

Lockeres, konsequentes Durchschwingen des Schlägers ist verantwortlich für richtige Schlagrichtung, -geschwindigkeit und -länge. Schläger und Arm sollten möglichst lange in Richtung des davonfliegenden Balles zeigen.

Beinarbeit und Balance

Tennis ist ein Bewegungssport. Je besser Sie sich bewegen, desto einfacher fällt Ihnen der Schlag, und um so erfolgreicher wird Ihr Spiel. Ausschlaggebend dafür ist die Beinarbeit. Die Beine müssen dabei den Spieler nicht nur rechtzeitig zum Ball bringen, sondern auch in die notwendige Schlagstellung – und wieder zur Ausgangsstellung zurück. Sobald man erkennt, daß der Ball auf die Rück- oder Vorhand kommt, muß man ihm dorthin entgegenlaufen, wo man annimmt, daß er zu schlagen sein wird. Bewegen Sie sich leichtfüßig mit gebeugten Knien. Laufen Sie aber nicht überstürzt, damit Sie die Übersicht nicht verlieren. Zu weit weg vom Ball ist ebenso schlecht wie zu nahe: In beiden Fällen kann man nicht locker und frei nach vorne durchschwingen. Zu große Schritte schaffen Balanceprobleme, denn am richtigen Schlag ist neben Armen und Beinen der ganze Körper beteiligt. Korrekte Gewichtsverlagerung in Schlagrichtung, die das Durchschwingen des Schlägers unterstützt und somit die Geschwindigkeit und Länge des Schlages stark beeinflußt, ist mit Riesenschritten nicht möglich. Durch Training werden Balance und Beinarbeit allmählich automatisiert.

So wird Ihre Beinarbeit erfolgreich

Laufen Sie stets dem Ball entgegen

Sie verlieren kostbare Zeit, die der Gegner nutzt, wenn Sie auf den Ball warten.

Bewegen Sie sich schnell

Überstürzen Sie aber nichts. Sie verlieren sonst die Übersicht, machen unnötige Fehler.

Machen Sie kleine Schritte

Große Ausfallschritte schaffen Balanceprobleme. Korrekte Gewichtsverlagerung in Schlagrichtung ist nicht möglich.

Beugen Sie die Knie

Mit steifen Beinen sind sie nicht einsatzbereit, können Sie sich nur langsam bewegen und schlecht in Schlagstellung gehen.

Üben Sie, besonders als Anfänger regelmäßig das »In-Stellung-gehen«. Durch Training werden Sie lernen, die verschiedenen notwendigen Bewegungsabläufe zu koordinieren und zeitlich auf den entgegenkommenden Ball abzustimmen (Timing). So wird die anfangs bewußte Übung automatisiert in Ihr Unterbewußtsein übergehen.

Beidhändige Rückhand

1

2

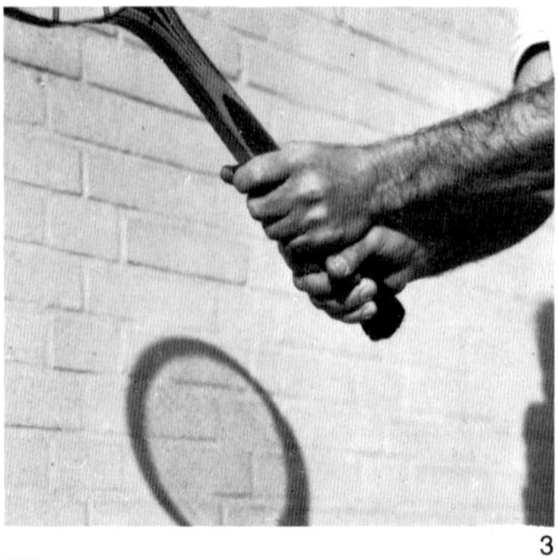
3

Ursprünglich waren Schläge, die mit beiden Händen bzw. Armen durchgeführt wurden Spezialschläge. Sie wurden zur Nachahmung nicht empfohlen, da man zu wenig von ihnen wußte. Connors, Evert, Borg haben diese Schläge populär gemacht, ihnen das Flair des Besonderen genommen. Die beidhändige Rückhand ist ein (fast) normaler Schlag geworden, der aus dem internationalen Tennis nicht mehr wegzudenken ist. Ob man nun den »üblichen« oder den beidhändigen Rückhandschlag lernen soll, hängt von der persönlichen Konstitution, Beweglichkeit und Schnelligkeit ab. Probieren Sie mit Ihrem Trainer oder selbst aus, was Ihnen besser liegt. Für den beidhändigen Schlag muß man jedenfalls besonders agil und spritzig sein.

Der korrekte Griff

Die rechte Hand faßt den Schläger mit Rückhand-Griff (1), die linke greift unmittelbar darüber mit dem Vorhandgriff (2) (für Linkshänder). Der kleine Finger der linken Hand berührt den Zeigefinger, die Handkante den Daumen der rechten Hand (3).

Immer mehr Spieler, vor allem unter den Jugendlichen, wenden die beidhändige Rückhand an.

1

2

3

Ausholbewegung

Der Schläger macht einen sehr flachen Bogen nach hinten oben. Dabei sollte der rechte Arm möglichst durchgestreckt, der linke leicht gebeugt sein (1). Gleichzeitig dreht sich der Oberkörper nach links, das Gewicht wird auf den linken Fuß verlagert. Der rechte Fuß macht einen Schritt dem Ball entgegen (2 + 3). Das linke Handgelenk ist geöffnet, das rechte geschlossen.

Schlagbewegung

Mit Beginn der Schlagbewegung wird das Gewicht auf den rechten Fuß verlagert. Der linke Arm streckt sich (3). Der Schläger wird nach unten und weiter nach vorne aufwärts in die gedachte Schlagrichtung geführt. Die Schlägerspitze wird dabei erheblich beschleunigt. Der linke Arm nimmt die linke Schulter mit nach vorne, der Oberkörper dreht sich aus der Seitstellung (4). Der Schlägerkopf hängt dabei schräg herunter.

Beidhändige Rückhand

4

5

6

Treffpunkt

Die beiden Arme sind beim Treffpunkt gestreckt, die Hände fest um den Schlägergriff geschlossen, das Auge auf den Ball gerichtet (4).

Ausschwungbewegung

Arme und Schläger werden durch den Treffpunkt nach vorne aufwärts durchgeschwungen (5). Der Oberkörper dreht sich dabei frontal zum Netz. Der Schläger schwingt über der rechten Schulter aus (6). Mit der linken Hand kann dabei losgelassen werden.

Technik

Wer es, trotz aller Bemühungen, nicht geschafft hat, eine feste Trainerstunde bei einem Tennislehrer oder einem Übungsleiter zu belegen, sollte nicht verzagen. Nehmen Sie jede Gelegenheit wahr, mit irgendeinem Partner zu spielen. Dazu einige wichtige Ratschläge, die beherzigt werden sollten:

1 Lesen Sie die beiden Kapitel Vor- und Rückhand nochmals sorgfältig durch. Probieren Sie mit Ihrem Schläger den Griff, den Schwung, die Vorhand aus. Diskutieren Sie solange darüber, bis Sie die zum Teil kompliziert erscheinende Technik der Grundlinienschläge verstanden haben.

2 Lernen Sie den Ball und seine Sprungeigenschaften auf dem Boden und Ihrer Schlägerfläche kennen. Prellen Sie nach unten, nach oben, mit und ohne Aufsprung. Schlagen Sie den Ball abwechselnd mit Ihrem Partner aus dem Stand, aus dem Lauf, auf einem Bein. 10mal, 100mal, mit Rückhand, mit Vorhand.

Ratschläge zum Selbstlernen

3 Stellen Sie sich so auf, wie (1) es zeigt, seitlich, mit dem Schläger schon ausgeholt. Ihr Partner fungiert als Tennislehrer. Er läßt den Ball, den Sie genau ansehen, aus seiner Hand etwa auf die Linie fallen, die Sie mit Ihrem vorderen Fuß berühren (2). Schlagen Sie erst zu, wenn der Ball nach Erreichen des höchsten Punktes wieder nach unten fällt. Schwingen Sie die Schlägerfläche so dem Ball entgegen, wie Sie es bei der technischen Vor- und Rückhand-Beschreibung gelesen haben (3) und schwingen Sie nach dem Treffpunkt ruhig, aber bestimmt nach vorne oben durch (4). Üben Sie das zuerst gegen den Zaun, dann übers Netz. Schlagen Sie den Ball etwa so, daß er zwischen Grundlinie und Aufschlaglinie beim Partner aufspringt. Wechseln Sie mit Ihrem Partner die Aufgabe.

1

2

3

4

1

2

3

4

4 Lernen Sie das Ball-anspielen. Stellen Sie sich wieder seitlich (1). Lassen Sie den Ball aus Ihrer eigenen Hand fallen (2). Schwingen Sie dem Ball entgegen nach oben durch (3).

5 Üben Sie wie unter 4. Nehmen Sie jedoch nach dem geglückten sauberen Anspiel die Ausgangsstellung ein (4). Stellen Sie sich zu jedem neuen Anspiel wieder korrekt hin.

6 Ihr Partner stellt sich auf die andere Netzseite an die Mitte der Grundlinie in Ausgangsstellung auf (5). Schlagen Sie ihm den Ball sauber und nicht schnell zu. Konzentrieren Sie sich sorgfältig darauf, dahin zu spielen, wo er den Ball erwartet. Ihr Partner versucht aus der Ausgangsstellung heraus die Vor- oder Rückhand-Schlagstellung einzunehmen, den Schlag sauber durchzuschwingen, aber **ohne** Ball, d. h. absichtlich am Ball vorbeischlagen.
Vielleicht irritiert Sie dieses Vorbeischlagen zunächst. Machen Sie's trotzdem. So können Sie frei, ohne Verkrampfung, ohne den Zwang, den Ball treffen zu müssen, das Gefühl des lockeren Durchschwingens kennenlernen. Und

Ratschläge zum Selbstlernen

kehren Sie, wenn der Schwung zum Ball nicht so klappt, immer wieder zu diesem »Leerschwung« zurück. Auch Spitzenspieler halten es so.
Wechseln Sie mit Ihrem Partner die Aufgabe.

7 Üben Sie wie unter 6, jedoch versucht Ihr Partner, die gut zugespielten Bälle (nur die gut zugespielten!) zurückzuschlagen. Danach nimmt er wie Sie wieder die Ausgangsstellung ein. Sie schlagen den vom Partner zurückkommenden Ball nicht zurück. Sie nehmen zwar die Vor- oder Rückhand-Schlagstellung ein, schlagen aber am Ball **vorbei**!
Wechseln Sie mit Ihrem Partner die Aufgabe.

8 Üben Sie wie unter 7, jedoch versuchen Sie jetzt auch die von Ihrem Partner in Ihre Reichweite gut zurückgeschlagenen Bälle Ihrerseits wieder zurückzugeben: Sie spielen Tennis.

9 Konzentrieren Sie sich. Verkrampfen Sie sich nicht. Schlagen Sie zunächst nur gut erreichbare Bälle. Spielen Sie ruhig, nicht zu schnell. Nehmen Sie sich dazu möglichst viele Bälle. Überprüfen Sie immer wieder Ausgangsstellung, Griffhaltung, Schwung, Beinarbeit. Bleiben Sie bei diesem Üben eine ganze Weile. Erst dann sollten Sie sich mit Aufschlag, Flugball usw. beschäftigen.

5

1

2

3

Der Slice ist ein Schlag, durch den der Ball absichtlichen, starken Rückwärtsdrall erhält. Er wird vorwiegend als Verteidigungsschlag eingesetzt, da er kräftesparend und sicherer ist als der gerade Schlag. Außerdem wird er als Angriffsball aus dem Mittelfeld, vor allem mit Rückhand, verwendet.

Der korrekte Griff

Der Vorhand-Slice wird mit dem Vorhandgriff, der Rückhand-Slice mit dem Rückhandgriff gespielt.

4 5 6

Der korrekte Schwung

Zum Ausholen wird die Schlägerfläche weiter nach hinten oben als bei den geraden Grundlinienschlägen geführt (1). Nach dem Wendepunkt der Schleife, der über dem voraussichtlichen Treffpunkt liegt, wird der Schläger – mit festem Handgelenk – direkt nach vorne unten dem Ball entgegengeführt (3).Die Schlägerfläche ist dabei geöffnet. Der Schläger schwingt nach dem Treffpunkt (5) leicht nach unten, dann in Schlagrichtung verkürzt aus (5 + 6). Gewichtsverlagerung und Beinarbeit entsprechen dabei im wesentlichen denen der Grundlinienschläge.

Versuchen Sie sich als Anfänger nicht gleich mit dem Slice. Erst wenn Sie sich auf den geraden Grundlinienschlag verlassen können, sollten Sie sich mit den Schlägen mit Rückwärtsdrall beschäftigen.

1

2

3

Der Topspin ist ein Schlag, durch den der Ball absichtlichen, starken Vorwärtsdrall erhält. Er wird sowohl als Grundlinienschlag als auch als Angriffsball eingesetzt, da er kräftiges Zuschlagen mit gleichzeitig großer Sicherheit ermöglicht. Außerdem wird er als Passierball wirkungsvoll verwendet.

Der korrekte Griff

Der Vorhand-Topspin wird mit dem Vorhand-, der Rückhand-Topspin mit dem Rückhandgriff gespielt.

4

5

6

Der korrekte Schwung

Die Ausholbewegung verläuft etwas steiler als die der geraden Grundlinienschläge, lediglich die Knie werden dabei viel tiefer gebeugt (2). Nach dem Wendepunkt der Schleife (s. Graphik S. 41) wird der Schlägerkopf tiefer nach unten und danach fast senkrecht nach vorne oben, dem Ball entgegengeschwungen. Während sich die Beine wieder durchstrecken, wird die Schlägerspitze extrem beschleunigt. Die Ausschwungbewegung verläuft ebenfalls steiler und höher. Die Fußarbeit und die Gewichtsverlagerung entsprechen dabei im wesentlichen denen der geraden Grundlinienschläge.

Versuchen Sie sich als Anfänger nicht gleich mit dem Topspin. Erst wenn Sie sich auf den geraden Grundlinienschlag verlassen können, sollten Sie sich mit den Schlägen mit Vorwärtsdrall beschäftigen.

Aufschlag

Der hier beschriebene Aufschlag ist der **gerade** Aufschlag. Auf den Ball wird dabei kein absichtlicher Drall übertragen.
Der Aufschlag ist sicherlich mit der wichtigste Ball des Tennis. Ist er gut, kann man das Spiel bestimmen; ist er schlecht, ist man stets in der Rolle des Gejagten. Da mit dem Aufschlag jeder Ballwechsel eines Wettkampfes beginnt, ist leicht vorstellbar, welchen Einfluß der Aufschlag auf das Spielgeschehen hat. Da er ohne direkten Einfluß des Gegners durchgeführt wird, ist jeder Spieler ausschließlich allein für die Qualität seines Aufschlages verantwortlich. Es ist nicht schwierig, aufschlagen zu lernen. Gut aufschlagen zu können erfordert jedoch viel Training.

Der korrekte Griff

Am besten wird zum Aufschlag der Rückhand- oder Universalgriff benützt. Der Universalgriff liegt genau zwischen dem Vorhand- und Rückhandgriff. Der Vorhandgriff ist ungeeignet, da das Handgelenk beim Zuschlagen nicht frei abknikken kann.

Die korrekte Ausgangsstellung

Man stellt sich zwischen 20 cm und einem Meter links oder rechts von der Mitte der Grundlinie entfernt auf. Die linke Fußspitze – etwa 5 cm von der Linie weg – zeigt zum rechten Netzpfosten. Der rechte Fuß steht etwa parallel zur Grundlinie, eine Schulterbreite vom linken. Die linke Schulter, die Schlägerspitze sowie die Verbindungslinie der beiden Fußspitzen zeigen in Schlagrichtung. Das Gewicht ist etwa gleichmäßig auf beide Füße verteilt. Der Schläger wird locker mit der rechten Hand gehalten, von der linken unterstützt.

Der korrekte Ballwurf

Beim guten Aufschlag richtet sich der Ballwurf nach der Schlagbewegung. Gutes, genaues Hochführen – nicht Hochwerfen – des Bal-

1

2

3

4

les ist demnach Voraussetzung. Stellen Sie sich zum Üben des Ballwurfes vor, Sie sollten ein auf der flachen Hand stehendes Glas Wasser jemandem auf einen Schrank reichen. Etwa in Augenhöhe wird Ihnen das Glas abgenommen.
Stellen Sie sich dazu ungefähr 30 cm von einem Schrank, einer Wand o. ä. entfernt in Schlagstellung. Führen Sie das »Glas« **zwischen** Fußspitzen und Wand nach oben, wobei das Körpergewicht auf den linken Fuß verlagert wird. Sie werden feststellen, daß sich der linke Arm erst allmählich während des Hochführens streckt (3 + 4). Aus rhythmischen Gründen wird dieser zuerst nach unten (2), dann nach oben gebracht. Tauschen Sie dann das Glas gegen den Ball aus.

So wird Ihr Aufschlag erfolgreich

Werfen Sie den Ball etwa 50 cm über die Treffpunkthöhe.

Führen Sie die linke Hand aus der Ausgangsstellung nach unten zum linken Oberschenkel. Vom Oberschenkel geht sie über bzw. vor Ihrer linken Fußspitze nach oben. Der Ball verläßt Ihre Hand etwa in Augenhöhe.

Würden Sie den Ball herunterfallen lassen, sollte er etwa 30 cm vor Ihrer linken Fußspitze auf den Boden kommen.

Schlagen Sie nur gut geworfene Bälle. Fangen Sie die anderen wieder auf.

Üben Sie das Hochwerfen des Balles. Wenn Sie trotz eifrigsten Bemühens den Ball regelmäßig zu hoch oder in die falsche Richtung werfen, sollten Sie einmal versuchen die Abwärtsbewegung der Wurfhand drastisch zu verkürzen, etwa auf 10 cm beschränken. Meistens wird das Hochwerfen dann in Höhe und Richtung kontrollierter.

Der korrekte Schwung

Der Bewegungsablauf des Aufschlagschwunges ist verhältnismäßig einfach, weil er der natürlichen Wurfbewegung (Steinwurf) entspricht. Graphisch dargestellt wirkt er allerdings reichlich kompliziert. Man unterscheidet zwischen:

1. Ausholbewegung (schwarz)
2. Schlagbewegung (rot)
3. Ausschwungbewegung (grün)

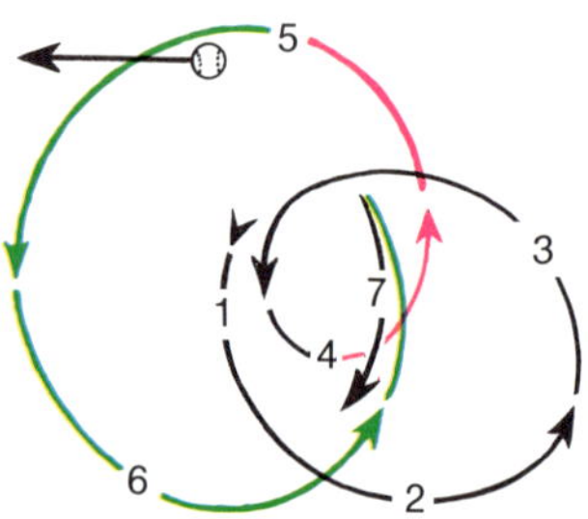

Schlägerbahn beim Aufschlag

1 Ausgangspunkt

2 Tiefster Punkt des unteren Bogens

3 Punkt in Schulterhöhe, in dem sich der Ellenbogen beugt

4 Tiefster Punkt der Schleife hinter dem Rücken

5 Treffpunkt

6 Tiefster Punkt der Ausschwungbewegung an der linken Körperseite

7 Höchster Punkt der Ausschwungbewegung hinter dem Körper

Trotzdem darf der Aufschlag kein Aneinanderreihen von einzelnen Aktionen sein. Er ist vielmehr ein ununterbrochener, fließender Bewegungsablauf.

Die Ausholbewegung, kurz vor Beginn der Schleife hinter dem Rücken.

1

2

Ausholbewegung

Aus der Ausgangsstellung werden beide Arme gleichzeitig kurz nach unten geführt. Während der linke Arm dann den Ball nach oben führt, schwingt der rechte Arm wie ein Pendel mit dem Schläger nach hinten, übergehend in die Aufwärtsbewegung (1 + 2).

3

4

Der Schläger schwingt locker weiter nach oben, das Körpergewicht wird ganz auf den linken Fuß geschoben (3). Etwa in Schulterhöhe knickt der rechte Arm im Ellenbogen ab, der Schlägerkopf schwingt hinter dem Rücken in einer kleinen Schleife nach unten. Die Knie werden gleichzeitig gebeugt, das Bekken wird nach vorne geschoben (Bogenspannung).

5

6

Schlagbewegung

Wenn der Schläger den tiefsten Punkt der Schleife erreicht hat (siehe Graphik Seite 66, Punkt 4), die Schlägerspitze zeigt senkrecht zum Boden, das Handgelenk ist geöffnet (6) – streckt sich der ganze Körper dem Ball entgegen (Punkt 5). Man stellt sich auf die Fußspitzen, die Beine werden durchgedrückt. Der Oberkörper dreht sich frontal. Oberkörper und Schlagarm strecken sich. Der Schlägerkopf wird stark beschleunigt, d. h. dem Ball nach oben entgegengeschwungen, das Handgelenk schnappt nach vorne zu. Der linke Arm geht »aus dem Weg« und sorgt für ausgewogene Balance. Das Auge ist unmittelbar vor dem Ballkontakt konzentriert auf den Ball gerichtet (6 + 7).

7

8

Treffpunkt

Im Treffmoment des Balles bilden linkes Bein, Körper, rechter Arm und Schläger eine nach vorne in Schlagrichtung geneigte gerade Linie. Die Schlägerfläche ist maximal beschleunigt und steht senkrecht zur gedachten Schlagrichtung. Der Kopf, die Augen sind zum Treffpunkt gerichtet. Wird die Schlagbewegung sehr dynamisch durchgeführt, können sich vor dem Treffmoment beide Beine vom Boden lösen.

9

10

Ausschwungbewegung

Nach dem Treffmoment schwingen Schläger und Arm in Schlagrichtung locker nach vorne unten und pendeln links am Körper vorbei aus (Graphik S. 66 Punkt 6 + 7). Der rechte Fuß kann dabei auch nach vorne treten, um die Vorwärtsbewegung abzufangen und das Gleichgewicht wieder herzustellen.

Arthur Ashe, ehemaliger Wimbledon-Sieger, demonstriert hier mustergültige Bogenspannung des Körpers beim Aufschlag.

Aufschlag richtig

Hier sind die Beine vorbildlich gebeugt, das Becken nach vorne geschoben. Die dadurch entstehende Körperspannung erzielt beim Zuschlagen zusätzlichen Schwung.

Vorbildliches »Zuschnappen« des Handgelenkes. Der Ball wird dadurch optimal beschleunigt.

Lockeres, ideales Durchschwingen. Die ganze Wucht der dynamischen Schlagbewegung ist noch erkennbar. Der Ball wurde optimal beschleunigt.

Aufschlag falsch

Die Beine sind bei der Ausholbewegung steif bzw. nicht gebeugt. Dadurch kann der Spieler nicht optimal ins »Kreuz« gehen. Er verzichtet damit auf viel Schwung aus dem Körper.

Das Handgelenk bleibt während der Schlagbewegung fest und steif. Die vielleicht wichtigste Möglichkeit den Schlägerkopf zu beschleunigen, wird nicht wahrgenommen. Außerdem wird so der Ball meistens zu spät (tief) getroffen.

Arm und Schläger schwingen nicht locker nach vorne unten durch. Das zu frühe Abbremsen beeinflußt bereits die Schlagbewegung: Der Schlägerkopf wird nicht genug zum Ball hin beschleunigt.

Der zweite Aufschlag

Wichtiger als der erste Aufschlag ist der zweite. Mit einem Doppelfehler geht der Punkt kampflos als Geschenk an den Gegner. Er muß also ins Aufschlagfeld, koste es, was es wolle. – Im Spitzentennis unterscheiden sich die beiden Aufschläge dadurch, daß der erste schneller, also riskanter gespielt wird, der zweite langsamer, mit absichtlichem Drall versehen, ist. Achten Sie vielmehr darauf, daß der zweite Aufschlag sicher, gut plaziert wird. Er sollte weder zu flach noch zu schnell gespielt werden. Ein langsamer, langer Aufschlag an die Aufschlaglinie ist wirkungsvoller als ein schneller, in die Mitte des Aufschlagfeldes gesetzter. Und versuchen Sie bewußt, die schwache Ecke – Vor- oder Rückhand des Gegners – anzuspielen.

So wird Ihr zweiter Aufschlag erfolgreich

- Lassen Sie sich Zeit zwischen dem ersten und zweiten Aufschlag.
- Konzentrieren Sie sich besonders gut.
- Spielen Sie mutig. Ängstliche zweite Aufschläge sind schlechte Aufschläge.
- Verzichten Sie am Anfang auf den riskanten ersten Aufschlag. Machen Sie grundsätzlich nur zweite (sichere) Aufschläge.

Aufschlag-Tips

Damit Sie stets Freude mit Ihrem Aufschlag haben

Achten Sie auf die korrekte Ausgangsstellung
Stellen Sie Ihre Füße sorgfältig in die vorgeschriebene Stellung. Ihr Aufschlag wird dadurch sicherer, plazierter, schneller.

Konzentrieren Sie sich

Lassen Sie sich Zeit. Sie werden durch nichts und niemanden zu hastigem Aufschlagen gezwungen. Sammeln Sie sich vor jedem Aufschlag.

Schlagen Sie nur die gut geworfenen Bälle
Fangen Sie die anderen wieder auf. Nützen Sie diese »Schwäche« des Reglements. Führen Sie den Ball so oft hoch, bis der Wurf einwandfrei ist.

Flugball

Die bisher besprochenen Schläge – Vorhand und Rückhand – wurden an der Grundlinie gespielt, – nachdem der Ball aufgesprungen war. Wenn Sie dagegen den Ball schlagen, bevor er den Boden berührt, spricht man von Flugball oder Volley. Der Flugball macht das Spiel schneller, denn der Zeit- und Raumgewinn gegenüber dem Grundlinienschlag ist erheblich. Ein Flugball wird oft nur mit einer Reflexbewegung geschlagen, weil der Ball des Gegners aus größerer Nähe kommt. Die Voraussetzung zum guten Flugball ist deshalb, der automatisierte Schlagablauf.

Ausgangsstellung zum Flugball

Der korrekte Griff

Für den Vor- und Rückhand-Flugball wird am besten der Rückhandgriff oder der Universalgriff verwendet. So hat man keine Probleme mit dem Umgreifen, die bei schnellen Ballwechseln leicht auftreten können.

Ausgangsstellung

Im Wesentlichen entspricht die Ausgangsstellung zum Flugball der zum Grundlinienschlag. Folgende Unterschiede sind zu beachten:

- Das Körpergewicht ist mehr auf die Fußballen verlagert.
- Die Beine sind etwas mehr gebeugt und gegrätscht.
- Die Arme – insbesondere die Ellenbogen – sind weiter **vor** dem Körper.
- Die Schlägerfläche wird höher, etwa in Augenhöhe gehalten.

Die Ausgangsstellung kann – außer im Doppel – nicht vor Beginn eines Ballwechsels eingenommen werden: Man muß sie sich erarbeiten. Dies kann mit einem Vorbereitungsschlag aus dem Mittelfeld oder dem Aufschlag geschehen. Beiden Bällen muß man ans Netz folgen. Wie weit man ans Netz aufrücken kann, hängt von der Schnelligkeit, Reaktionsfähigkeit und Reichweite des Spielers ab. Die ideale Entfernung vom Netz wäre 2–3 m.

1 2

Flugball

Ausholbewegung

Aus der Ausgangsstellung wird die Schlägerfläche nach hinten oben etwas über Kopfhöhe geführt. Der Arm wird im Ellenbogen geknickt, der Oberkörper dreht sich zur Seite, so daß die linke Schulter beim Vorhand-Flugball, die rechte Schulter beim Rückhand-Flugball zum Netz zeigt. Das Körpergewicht verlagert sich auf den rechten (Vorhand) bzw. auf den linken (Rückhand) Fuß. Handgelenk (beim Vorhand-Flugball) und Schlägerfläche öffnen sich. Wie weit man zum Flugball ausholt, hängt vom Tempo des entgegenkommenden Balles ab: kurz, wenn er schnell kommt, etwas weiter, wenn man Zeit hat.

Schlagbewegung und Treffpunkt

Die Schlagbewegung erfolgt von oben nach vorne unten, dem Ball entgegen. Der Arm streckt sich zum Treffpunkt, das Handgelenk

1 2

4 5 6

bleibt während der Schlagbewegung fest. Das Körpergewicht wird gleichzeitig auf den linken Fuß beim Vorhand-Flugball und auf den rechten beim Rückhand-Flugball verlagert. Diese Gewichtsverlagerung ist mit einem Schritt vorwärts verbunden. Der Fuß setzt meist erst nach dem Treffpunkt auf dem Boden auf. Dabei dreht sich der Körper beim Vorhand-Flugball in annähernd frontale Stellung zurück. Beim Rückhand-Flugball bleibt er dagegen während der Schlagbewegung seitlich.

Der Schlag wird mit geöffneter Schlägerfläche durchgeführt, so daß der Ball Rückwärtsdrall erhält. Die Schlägerfläche steht im Treffpunkt höher als das Handgelenk. Der Treffpunkt des Balles liegt zwischen 20 und 50 cm vor dem Körper. Das ist besonders am Anfang wichtiger als die Schlaggeschwindigkeit.

Ausschwungbewegung

Die Ausschwungbewegung ist kurz. Sie folgt dem Ball und endet etwa in der Ausgangsstellung.

4 5 6

Flugball richtig

Hier sind die Beine vorbildlich gebeugt. Der Schlag wird einwandfrei ausbalanciert und sauber getroffen. Nach diesem Flugball ist es keine Schwierigkeit, blitzschnell in die Ausgangsstellung zurückzuspringen, um den vielleicht zurückkommenden Ball abzufangen.

Hier steht die Schlägerfläche deutlich über dem Handgelenk. Der Schlag wird mit Druck und Führung ins gegnerische Feld gesetzt.

Diese Ausholbewegung erlaubt, daß die Bälle »auf den Bauch« ebenso schwungvoll geschlagen werden können wie die, nach denen man sich strecken muß.

Flugball falsch

Die Beine sind steif, der Spieler muß sich zum Schlag nach vorne beugen. Selbst wenn trotzdem ein guter Flugball gelingt, ist es schwierig, schnell in die Ausgangsstellung zurückzukommen.

Das Handgelenk ist nach unten abgeknickt und somit nicht fest um den Griff geschlossen. Der Ball kann so weder schnell noch plaziert gespielt werden.

Der Arm ist vor dem Treffpunkt im Ellenbogen durchgedrückt. Die Bälle auf den Körper können nur schwierig pariert werden. Außerdem fehlt zum Schlag der Schwung des sich gegen den Ball streckenden Armes.

Flugball

Tiefer Flugball

Beim tiefen Flugball müssen die Knie stärker gebeugt werden. Der Fuß, der dem Ball entgegengeht, wird **vor** dem Treffpunkt des Balles auf dem Boden aufgesetzt. Je tiefer der Ball getroffen wird, desto mehr sollte die Schlägerfläche geöffnet sein. Der Schläger wird mehr nach vorne aufwärts ausgeschwungen.

Hoher Flugball

Je mehr man sich nach dem entgegenkommenden Ball strecken muß, sei es nach oben oder zur Seite, desto weniger kann man zu diesem Schlag ausholen. Achten Sie darauf, daß dann Ihr Unterarm und das Handgelenk korrekt zuschnappen, vor allem wenn Sie den Flugball im Sprung spielen. Wichtig: Ball besonders gut ansehen!

Damit Sie stets Freude mit Ihrem Flugball haben

Spielen Sie den Flugball nahe am Netz

Je näher Sie am Netz sind, desto günstiger sind die Winkel. Erwarten Sie den Ball nicht zwischen der Grund- und Aufschlaglinie, auch wenn Sie einen Lob erwarten. Dort können Sie kaum erfolgreiche Flugbälle spielen.

Achten Sie auf die korrekte Ausführung des Schlages

Auch wenn in der Praxis ein Großteil der Flugbälle mit einer Reflexbewegung zurückgespielt wird, sollten Sie stets versuchen, technisch sauber zu schlagen. Die Versuchung, zu schludern und leichte Fehler zu machen, ist groß.

Rücken Sie zum nächsten Flugball auf

Rechnen Sie damit, daß Ihr Ball zurückkommt. Darum nach dem Schlag näher ans Netz rücken, um den nächsten Flugball leichter spielen zu können.

Plazieren Sie den Ball

Der langsame, gut gesetzte Schlag ist wirkungsvoller als der schnellgeschlagene, schlecht plazierte Ball. Gerade der Anfänger sollte darauf achten.

Sehen Sie den Ball genau an

Besonders bei hohen Flugbällen oder solchen, zu denen Sie sich extrem strecken müssen, sollten Sie den Ball immer im Blickfeld haben.

Technik

Die beste Antwort auf einen Lob ist der Schmetterball. Dieser Schlag wird aus dem Stand oder im Sprung durchgeführt.

Der korrekte Griff

Der zum Schmetterball geeignete Griff ist der Rückhand- oder Universalgriff.

Die korrekte Bereitschaftsstellung

Ausgehend von der Flugball-Ausgangsstellung (1) wird vorübergehend eine Schmetterball-Bereitschaftsstellung eingenommen (2) Dazu werden drei Bewegungen **gleichzeitig** absolviert:

1. Der rechte Fuß wird zurückgesetzt und der Körper durch Drehung auf dem linken Fuß in Seitstellung gebracht. Die linke Schulter zeigt zum Netz.

2. Der linke Arm streckt sich dem Ball entgegen, so als ob er ihn zum Aufschlag hochgeworfen hätte.

3. Der rechte Arm und der Schläger werden auf direktem Weg nach oben geführt. Wie weit der Schlägerkopf

1

dabei schon direkt hinter den Rükken geführt wird, sollten Sie ausprobieren. Für den Anfänger empfiehlt sich, den Schläger sofort möglichst weit ins Kreuz zu legen.

2

Schmetterball

Diese Bereitschaftsstellung wird eingenommen, sobald man erkannt hat, daß der Gegner einen Lob spielt. Man bewegt sich – unter Beibehaltung der Seitstellung – mit schnellen kleinen Schritten sofort zu der Stelle hin, wo man den Ball erwartet. Der ausgestreckte linke Arm visiert den entgegenkommenden Ball an.

Sollte, was immer wieder vorkommt, der Lob des Gegners zwar hoch jedoch sehr kurz sein, der Ball also in der Nähe der Aufschlaglinie herunterkommen, dann läßt man ihn aufspringen. Stellen Sie sich direkt **unter** den aufspringenden Ball, um ihn **über** dem Kopf (Überkopfball!) mit voller Kraft zu schlagen.

Ist der Lob jedoch zu gut, muß man zurücklaufen und ihn wieder aufspringen lassen, um ihn sicher, vielleicht ebenfalls als Lob, zurückzuspielen.

1 2

Schmetterball

Ausgehend von der Bereitschaftsstellung wird das Körpergewicht auf den rechten Fuß verlagert. Der Schläger macht wie beim Aufschlag eine Schleife tief hinter dem Rücken. Dabei ist das Handgelenk

Schmetterball aus dem Sprung

Gute Lobs, die hoch über den Netzspieler geschlagen sind, können fast nur aus dem Sprung geschmettert werden. Dazu wird vor der Schlagbewegung das Körpergewicht ganz auf das tief gebeugte

1 2

4 5 6

zum Handrücken hin abgeknickt (geöffnet).
Während der Schlagbewegung wird das Körpergewicht auf den linken Fuß nach vorne verlagert. Der Treffpunkt ist über dem Kopf, vor dem Handgelenk. Das erreicht man wie beim Aufschlag durch Zuschnappen des Handgelenkes.
Der Ausschwung verläuft kürzer als beim Aufschlag.
Während des gesamten Schlages muß der Ball immer fest im Auge behalten werden.

---

rechte Bein geschoben. Das rechte Bein streckt sich, das linke hebt aus Balance-Gründen nach vorne vom Boden ab. Nach dem Absprung schwingt das rechte Bein nach vorne (Scherbewegung). Der linke Fuß setzt zuerst auf dem Boden auf, der rechte unmittelbar danach etwas seitlich dahinter. Das Gleichgewicht ist wieder hergestellt. Man kann die Flugball-Ausgangsstellung wieder einnehmen.

4 5 6

Schmetterball-Tips

Damit Sie stets Freude mit Ihrem Schmetterball haben

Nehmen Sie sofort den Schläger hoch	Halten Sie sich daran, auch wenn Sie glauben, genug Zeit zu haben. Hastige Schläge sind schlechte Schläge. Der Ball ist schneller da als Sie glauben.
Schmettern Sie über dem Kopf	Zu früh – vor dem Kopf – oder zu spät – hinter dem Kopf – getroffene Bälle landen meist im Netz oder aus.
Schauen Sie den Ball sorgfältig an	Sie müssen sehen, wie der Ball die Schlägerfläche berührt. Dann treffen Sie ihn optimal, die Voraussetzung zum Erfolg.
Entscheiden Sie sich schnell	Was Sie auch tun, zögern Sie nicht. Stellen Sie sich sauber hin oder springen Sie hoch – und schlagen Sie mutig zu, mit voller Kraft. So können Sie Punkte machen.
Lassen Sie kurze, hohe Lobs aufspringen	So können Sie die Flugbahn des Balles besser berechnen. Auch wenn es attraktiver aussieht, zum Schmettern in der Luft zu hängen, sollten Sie unnötige Risiken vermeiden.

6

5

4

Als Lob bezeichnet man einen Schlag, der den Ball hoch über das Netz und den eventuell dort postierten Netzspieler hebt. Der Ball springt – gut gespielt – etwa in Grundliniennähe des gegnerischen Spielfeldes auf. Dieser wichtige Schlag ist oft die beste Antwort auf einen guten Angriffsschlag, weil man vor allem durch die längere Flugdauer des Balles Zeit gewinnt. Man kann aus der Ekke, in die man durch einen Flugball oder einen schnellen Grundlinienschlag gedrängt wurde, wieder zur Platzmitte zurückkommen, um zum nächsten Schlag gut postiert zu sein. Gleichzeitig kann man den Netzspieler in Bedrängnis bringen, ihn vielleicht sogar zur Grundlinie zurückschicken, wenn ein besonders guter Lob geglückt ist.

Der korrekte Griff

Der Vorhand-Lob wird mit Vorhandgriff, der Rückhand-Lob mit Rückhandgriff gespielt.

Der korrekte Schwung

Im wesentlichen entspricht der Bewegungsablauf des Lobs dem des Grundlinienschlages. Der Schlägerkopf wird mit festem Handgelenk etwas mehr von unten dem Ball entgegengeschwungen (größerer unterer Bogen der Schleife, s. Graphik S. 29). Die Schlägerfläche ist dabei etwas mehr geöffnet. Die Ausschwungbewegung erfolgt ebenfalls etwas steiler.

Lob

3 2 1

So wird der Lob erfolgreich

Spielen Sie den Lob hoch

Selbst auf die Gefahr hin, daß er etwas kürzer gerät. Hochgeschlagene Bälle fallen ziemlich steil herunter, fast senkrecht, und sind dadurch schwer zu schmettern.

Spielen Sie den Lob lang

Visieren Sie die Grundlinie an, selbst wenn der Ball einmal ein paar Zentimeter aus geht. Es wirkt deprimierend, wenn man Ihnen den zu kurz geratenen Lob um die Ohren knallt.

Spielen Sie den Lob regelmäßig

Es ist kein Zeichen von Schwäche, Lobs zu schlagen. Bauen Sie ihn in Ihr Spiel ein. Wechseln Sie ab zwischen Passierball und Lob. Und üben Sie ihn. Dann können Sie sich bald auf ihn verlassen.

4

3

Als Stop bezeichnet man einen Schlag, der so kurz hinter das Netz gespielt wird, daß ihn der Gegner nicht mehr erreicht. Der Stop muß sehr exakt ausgeführt werden, da er sonst zum sicheren Punkt für den Gegner führt. Ungeübte sollten sich daher strikt sowohl an die technische Ausführung als auch an die vorgeschlagenen Verwendungsmöglichkeiten halten. Gut gespielt und richtig eingesetzt bereichert er sehr das Spiel und ist, speziell im Damen- und Senioren-Tennis, sehr wirkungsvoll.

Der korrekte Griff

Der Vorhand-Stop wird mit Vorhandgriff, der Rückhand-Stop mit Rückhandgriff gespielt.

Der korrekte Schwung

Im wesentlichen entspricht der Bewegungsablauf des Stops dem eines Slice-Grundlinienschlages (s. S. 61). Am Ende der Schlagbewegung stoppt jedoch der nach vorne schwingende Schlägerkopf ab, gleichzeitig legt sich die öffnende Schlägerfläche sozusagen um den Ball herum: der Ball erhält Rückwärtsdrall. Eine Handgelenksdrehung, etwa in der Art, wie man mit der flachen Hand um einen Fußball streichen würde, unterstützt die Bewegung. Zu beachten ist, daß die Fußstellung wie zum Grundlinienschlag sorgfältig eingehalten wird. Nur so bleibt das Körpergewicht während des Treffens ruhig auf dem linken Fuß.

2

1

So wird der Stop erfolgreich

Spielen Sie den Stop eher aus dem Mittelfeld

Wenn Sie ihn vor oder gar hinter der Grundlinie schlagen, hat der Gegner meist zuviel Zeit, ihn zu erreichen, weil der Ball zulange unterwegs ist.

Spielen Sie den Stop verdeckt

Der Gegner darf nicht schon im Ansatz erkennen, daß jetzt der Stop kommt. Die Ausholbewegung sollte die gleiche wie zu einem Slice sein, denn dann startet er sicher zu spät.

Die beste Antwort auf einen Stop des Gegners

ist der Gegenstop, wenn der Gegner hinter der Grundlinie steht; der lange Ball zur Grundlinie, wenn der Gegner im Mittelfeld steht.

6 Goldene Regeln

1 Strengen Sie sich an

2 Konzentrieren Sie sich

3 Schauen Sie den Ball an

4 Halten Sie den Schläger fest

5 Bewegen Sie sich

6 Spielen Sie fair

Ob Sie nun um die Meisterschaft kämpfen, mit Ihrem Mann oder Ihrer Frau Bälle schlagen oder eine Trainerstunde nehmen: bemühen Sie sich. Geben Sie Ihr Bestes. So lernen Sie schnell, werden besser, haben Erfolg.

Nur so wird es Ihnen gelingen, das Ihrer Spielstärke entsprechende Können zu bringen. Nur so werden Sie sich selbst in den Griff bekommen und lernen, diszipliniert zu spielen, gut zu spielen.

Das A und O des sauberen Schlages. Lassen Sie kein Auge mehr von dem Ball. Dann treffen Sie ihn richtig in der Mitte der Schlägerfläche: die Grundlage des korrekten Schlages.

Locker sollen Sie Ihren Schläger halten, außer wenn Sie zuschlagen. Sobald Ihre Schlägerfläche dem Ball entgegenschwingt – zupacken, mit festem Griff. Das allein garantiert einwandfreien, energischen und frühen Ballkontakt.

Was nützt es Ihnen, daß Sie den Schlag technisch beherrschen, jedoch stets zu spät zur Stelle sind? Starten Sie früh, laufen Sie dem Ball entgegen, machen Sie kleine Schritte. Dann werden Sie in korrekter Stellung erfolgreicher schlagen können.

Zollen Sie dem Einsatz, der Leistung Ihres Gegners Respekt. Geben Sie seinen Ball gut, wenn er noch knapp die Linie berührt hat. Siegen Sie bescheiden, verlieren Sie ritterlich – Ihr Gegner wird Sie dafür achten.

Warum trainieren?

Trainieren heißt üben, lernen, sich verbessern wollen. Wer trainiert, hat demnach ein Ziel. Das Ziel kann bescheiden sein, oder gar »Wimbledon« heißen. Das hängt allein davon ab, was Ihnen Tennis bedeutet, wieviel Zeit Sie täglich, pro Woche, in der Saison für den »Weißen Sport« bereitstellen können. Denn darüber müssen Sie sich im klaren sein: Das Ziel muß in einem vernünftigen Verhältnis zum Aufwand stehen.
Das Trainingsziel sollte zunächst sein, technisch voranzukommen. Je deutlicher Sie sehen und fühlen, wie Ihr Arm, Ihr Fuß, Ihr Körper das tut, was Sie ihm vorschreiben, desto mehr Spaß und Erfolg werden Sie am Tennis haben.
»Training ist das ganze Geheimnis«, sagt auch Billie Jean King, der Welt erfolgreichste Tennisspielerin.

Wie trainieren?

Natürlich wollen und sollen Sie so trainieren, daß Sie möglichst schnell Fortschritte erzielen. Daraus ergibt sich:

Trainieren Sie systematisch

Üben Sie regelmäßig. Halten Sie sich, wenn irgend möglich, an den aufgestellten Trainingsplan. Legen Sie Zeiteinheiten fest, z. B. 10 Minuten Rückhand-Cross.
Überlegen Sie sich, was Sie in welcher Reihenfolge üben wollen. Machen Sie sich stichwortähnlich einen lang-, mittel- und kurzfristigen Plan. Beraten Sie sich mit Ihrem Partner oder Trainer.

Trainieren Sie konzentriert

Nehmen Sie das Training ernst, auch wenn Sie »eigentlich« Tennis zum Spaß spielen.
Versuchen Sie, die einzelnen Bewegungsabläufe ganz bewußt nachzuvollziehen, erst in Gedanken, dann in der Praxis.

Trainieren Sie gezielt

Natürlich können Sie Vorhand der Vorhand willen üben. Trotzdem sollten Sie versuchen, Ihrem Schlag eine bestimmte Richtung zu geben, z. B. der Linie entlang. Dieses Doppelziel des Trainierens – technischer Bewegungsablauf und taktisches Wählen einer bestimmten Schlagrichtung – sollte gleich zu Anfang in Ihr Unterbewußtsein übergehen.

Trainieren Sie hart

Die Tatsache, daß Sie auf dem Tennisplatz stehen, willig zu üben, ist noch nicht genug. Verausgaben Sie sich, laufen Sie, bewegen Sie sich. Ein paar Tropfen Schweiß schaden bestimmt nicht. Seien Sie ehrgeizig. So gut wie Ihr Partner können Sie die Rückhand auch. Also: Trainieren Sie mit dem gleichen Einsatz mit dem Sie Ihr Match spielen!

Wann trainieren, wann nicht?

Trainieren Sie nach Plan

Richten Sie sich, so gut Sie können, nach Ihrem Trainingskonzept. Verschieben Sie nur im Ausnahmefall die Trainerstunde.

Trainieren Sie zusätzlich

Das kann kurzfristig geplant werden, von heute auf morgen oder sofort. Anlaß dazu wird meistens der unerwartet zur Verfügung stehende Platz oder Partner sein. Selbstverständlich sollten Sie da zugreifen, wenn es Ihre Zeit erlaubt.

Trainiern Sie, wenn nötig

Das kann verschiedene Gründe haben. Wenn Sie feststellen, daß Sie trotz regelmäßiger Trainerstunden einfach nicht besser werden. Wenn ein besonderes Ereignis vor der Tür steht, z. B. ein Forderungsspiel oder ein Clubwettkampf. Dann sollten Sie Trainingsüberstunden machen. Vielleicht müssen Sie einen ganz bestimmten Schlag oder Spielzug einstudieren. Das sind Sie sich oder der Mannschaft schuldig.

Trainieren Sie, solange Sie Spaß haben

Hören Sie auf, wenn Sie müde werden oder die Konzentration nachläßt. Planloses Herumschlagen darf nicht mit Trainieren, dem ehrlichen Bemühen sich zu verbessern, verwechselt werden.

Trainieren Sie nicht zuviel

Man kann sich nicht wohl fühlen. Das kann verschiedene Gründe haben, wie z. B. Krankheit, private oder berufliche Belastung, zu anstrengendes Training. Dann sollten Sie einige Zeit lang auf jegliches Training verzichten. Es kommt letztlich Ihrem Spiel zugute.

Was trainieren?

Obwohl sich in Form bringen sich eigentlich neben Tennis (Technik, Taktik) auch auf Ihren körperlichen und geistigen Fitness-Zustand bezieht, wird hier lediglich das Tennisspiel angesprochen.

Allgemeines Üben

Nehmen Sie sich die einzelnen Schläge vor. Trainieren Sie solange, bis Sie damit zufrieden sind. Das mag bei Vorhand schon nach 5 Minuten, beim Aufschlag erst nach 20 Minuten sein.
Vergessen Sie dabei die Beinarbeit nicht. Bewegen Sie die Füße schnell, mit kleinen Schritten; stellen Sie sich bewußt sauber zum Ball. Sie werden überrascht sein, wie viel einfacher der Bewegungsablauf des Schlages funktioniert, wie viel leichter er Ihnen fällt.

Üben von Spielzügen

Bestimmte Schlagkombinationen, die jedoch dem Partner bekannt sind und diszipliniert eingehalten werden, sollen auf jedem Trainingsplan stehen, vor allem, wenn Sie fortgeschrittener Spieler sind (siehe S. 102, Trainingsbeispiele). Überfordern Sie dabei weder sich noch Ihren Partner.

Üben unter Wettkampfbedingungen

Selbstverständlich wollen und sollen Sie auch Sätze spielen. Wenn Sie dies tun – und das müssen Sie ganz klar sehen – dominiert das Gewinnen-wollen. Versuchen Sie nun, unter Anwendung des Gelernten, den Ball einmal mehr übers Netz zurückzuschlagen als Ihr Gegner. Kondition, Taktik, Kampfgeist bestimmen das Spielgeschehen, die Technik tritt in den Hintergrund oder ist Grundvoraussetzung, wie Sie wollen. Nach jedem Match sollen Sie sich Zeit nehmen und überlegen, was zu Erfolg oder Mißerfolg geführt hat. Danach sollte sich Ihr nächster Trainingsplan richten.

Wer trainiert?

Alle sollten üben, die sich in Form halten, die besser oder gut werden wollen. Dies bezieht sich sowohl auf den 10jährigen Jungen, der sich in den Kopf gesetzt hat, Weltmeister zu werden, als auch auf den älteren Herren, der schon länger versucht, in die Seniorenmannschaft aufgenommen zu werden.
Trainieren ist nämlich weder alters- noch spielstärkebezogen. Trainieren sollten alle, die Spaß daran haben, einen Schlag in den Griff zu bekommen.

Mit wem trainieren?

Es ist in der Tat gar nicht so einfach, einen geeigneten Trainingspartner zu finden. Naturgemäß sollte er wenigstens gleich gut, am liebsten besser sein als man selbst. **Match-Training** kann man, streng genommen mit (fast) jedem durchführen, der in etwa der eigenen Spielstärke entspricht. Der Unterschied läßt sich durch erschwerte Bedingungen ausgleichen. So kann man dem Schwächeren z. B. 15/0 oder 30/0 in jedem oder jedem zweiten Spiel Vorgabe einräumen. Man kann festlegen, daß für den einen das Einzel-, für den anderen das Doppelfeld zählt. Der Bessere darf nicht ans Netz, hat nur einen Aufschlag-Versuch oder muß dem Partner jeden Ball auf Rückhand spielen. Möglichkeiten gibt es genug, ein Spiel interessant zu gestalten.
Für das **Schlagtraining** allerdings sollten Sie sich tatsächlich nach einem gleichstarken Partner umsehen. Auch dem besseren Spieler fällt es schwer, den Schlagrhythmus zu finden, wenn die Bälle ungenau zugespielt werden. Nicht verwunderlich also – und ratsam –, daß die Schläge meist mit dem Tennislehrer oder gleichstarken Partner geübt, Wettspiele dagegen frei untereinander trainiert werden.

Ist »Bälleschlagen« kein Trainieren?

Trainieren heißt Üben nach Plan, um ein bestimmtes Ziel zu erreichen. Das tut man beim Bälleschlagen eigentlich nicht. Man übt zwar die Vor- und Rückhand, aber nicht gezielt, bewußt. Die Gefahr des negativen Übens, des Trainierens von falschen Bewegungsabläufen ist sehr groß, wenn das Training ausschließlich aus Bälleschlagen besteht. Man wird auf diese Weise zunächst auch besser, aber über eine bestimmte Spielstärke kommt man nicht hinweg. Das ist der wirkliche Grund und nicht das mangelnde Talent, warum manche jahrelang trotz großer Anstrengung auf Platz 25 der Club-Rangliste stehen, während andere scheinbar mühelos die Erfolgsleiter nach oben kletterten.

Trainingsbeispiele für Anfänger

Für die Anfängerübungen ist ideal, wenn die Partner abwechselnd »Tennislehrer« spielen und etwa 60 Bälle zur Verfügung haben. Der Lehrer (L) stellt sich mit dem Ballkorb etwa in Höhe der Aufschlaglinie, später an der Grundlinie auf und spielt die Bälle seinem Partner (P) zu. Dieser steht an der Grundlinie in Ausgangsstellung (s. S. 59) und bemüht sich, alle Schläge technisch einwandfrei durchzuführen.
Das Zuspielen dafür sollte so erfolgen, wie es im Kapitel »Ratschläge zum Selbstlernen« (s. S. 58) beschrieben wurde. Lassen Sie also den Ball grundsätzlich aufspringen, bevor Sie ihn Ihrem Partner zuspielen. Die zurückgeschlagenen Bälle läßt L zunächst an sich vorbeigehen. Wenn der Korb leer ist, d. h. wenn alle Bälle gespielt sind, folgt Partner- bzw. Aufgaben-Wechsel.

Grundlinienschläge

1 L spielt P auf Vorhand zu,
P schlägt beliebig zurück.

1a L spielt P auf Rückhand zu,
P schlägt beliebig zurück.

2 L spielt auf Vorhand zu,
P schlägt cross zurück.

2a L spielt P auf Rückhand zu,
P schlägt cross zurück.

3 L spielt P auf Vorhand zu,
P spielt longline zurück.

3a L spielt P auf Rückhand zu,
P spielt longline zurück.

4 L spielt P abwechselnd auf Vor- bzw. Rückhand zu,
P schlägt beliebig zurück.

5 L spielt P auf Vor- bzw. Rückhand zu,
P schlägt cross zurück.

6 L spielt P abwechselnd auf Vor- bzw. Rückhand zu,
P schlägt longline zurück.

7 L spielt die Bälle in die Vorhand-Ecke,
P läuft nach dem Ball, spielt beliebig zurück.

7a L spielt die Bälle in die Rückhand-Ecke,
P läuft nach dem Ball, spielt beliebig zurück.

8 L spielt die Bälle in die Vorhand-Ecke,
P läuft nach dem Ball, spielt cross zurück.

8a L spielt die Bälle in die Rückhand-Ecke,
P läuft nach dem Ball, spielt cross zurück.

9 L spielt die Bälle in die Vorhand-Ecke,
P läuft nach dem Ball, spielt longline zurück.

9a L spielt die Bälle in die Rückhand-Ecke,
P läuft nach dem Ball, spielt longline zurück.

10 L spielt die Bälle in die Vor- bzw. Rückhand-Ecke,
P spielt beliebig zurück.

11 L spielt die Bälle in die Vor- bzw. Rückhand-Ecke,
P läuft nach dem Ball, spielt cross zurück.

12 L spielt die Bälle in die Vor- bzw. Rückhand-Ecke,
P läuft nach dem Ball, spielt longline zurück.

Die Übungen 1–12 werden wiederholt, jedoch mit Aufgabenwechsel.

Bei diesen Übungen ist es besonders wichtig, daß der »Lehrer« versucht, sauber zuzuspielen. Halten Sie sich an das auf S. 58 beschriebene Anspielen, d. h., visieren Sie einen bestimmten Punkt des Spielfeldes an. Die Entfernung zum Partner hat sich etwa verdoppelt, was die Aufgabe von L erschwert.

Flugbälle

L steht an der Grundlinie, P am Netz in Flugball-Ausgangsstellung (s. S. 78). L spielt die Bälle P etwa schulterhoch zu.

1 L spielt P auf Vorhand zu,
P spielt Vorhand-Flugball beliebig zurück.

1a L spielt P auf Rückhand zu,
P spielt Rückhand-Flugball beliebig zurück.

2 L spielt P auf Vorhand zu,
P spielt Vorhand-Flugball cross zurück.

2a L spielt P auf Rückhand zu,
P spielt Rückhand-Flugball cross zurück.

3 L spielt P abwechselnd auf Vorhand bzw. Rückhand zu,
P spielt Vor- bzw. Rückhand-Flugball beliebig zurück.

Die Übungen zum Flugball werden wiederholt, jedoch mit Aufgabenwechsel.

Schmetterbälle

Beim Üben von Schmetterbällen darf der »Lehrer« die Bälle seinem Partner nicht so hinspielen, daß dieser kaum schmettern kann. Der Lob soll vielmehr dem Partner gut erreichbar zugespielt werden, also eigentlich schlecht sein. Der Partner geht aus der Flugball-Ausgangsstellung, die er grundsätzlich zuerst einnimmt, sofort, wenn der Lob auf ihn zukommt, in die Schmetterball-Ausgangsstellung (s. S. 87).

1 L spielt einen Lob zu,
P schmettert beliebig.

2 L spielt einen Lob zu,
P schmettert lang zur Grundlinie.

3 L spielt einen Lob zu,
P schmettert in eine Platzecke.

4 L spielt einen Lob höher über P,
P schmettert im **Hochspringen.**

Die oben aufgeführten Übungen auch im Sprung ausführen. Dann das gleiche mit Aufgabenwechsel wiederholen. Bei allen diesen Übungen – sie dauern so lange, bis der Ballkorb leer gespielt ist –

schlägt der »Lehrer« die von ihm angespielten und vom Partner zurückkommenden Bälle nicht zurück.
Alle Übungen können dann – wenn Sie sich schon sicher fühlen – so erweitert und erschwert werden, daß der »Lehrer« versucht, die vom Partner zurückkommenden gut erreichbaren Bälle seinerseits wieder zurückzuschlagen. So entstehen Ballwechsel: Grundlinienschlag gegen Grundlinienschlag, Grundlinienschlag gegen Flugball bzw. Lob gegen Schmetterball.

Aufschläge und Returns

Das Training beider Schläge ist besonders wichtig, denn sie sind die am häufigsten gespielten in einem Wettkampf.

1 L schlägt auf Vorhand auf, P schlägt beliebig zurück.
2 L schlägt auf Rückhand auf, P schlägt beliebig zurück.
3 L schlägt auf Vorhand auf, P schlägt cross zurück.
4 L schlägt auf Vorhand auf, P spielt longline zurück.
5 L schlägt auf Rückhand auf, P schlägt cross zurück.
6 L schlägt auf Rückhand auf, P schlägt longline zurück.

Wechseln Sie bei diesen Übungen die Aufschlagseite ab. Und trainieren Sie besonders den zweiten Aufschlag.

Trainingsbeispiele für Fortgeschrittene

Alle hier aufgeführten Übungen können Sie auch als Fortgeschrittener durchführen. Man benötigt dazu eventuell nur 4 bis 6 Bälle. Aber auch gute Spieler trainieren lieber und effektiver mit mehreren Bällen. Man kommt besser und schneller in den gewünschten Rhythmus.
Darüber hinaus hier noch einige andere Trainingsmöglichkeiten.

- Ein Spieler steht in einer Ecke und spielt abwechselnd z. B. Vorhand-, Cross- und Longline-Bälle, der andere analog Vorhand-, Cross-, Rückhand-, Longline-Bälle. Ein Spieler schlägt demnach mehr aus dem Stand, der andere aus dem vollen Lauf.
- Wie oben, nur befindet sich der Hin- und Herlaufende am Netz, d. h., er schlägt abwechselnd Vor- bzw. Rückhand-Flugbälle in eine bestimmte Ecke.
- Beide schlagen nur Grundlinien-Bälle, die zwischen Aufschlag- und Grundlinie aufspringen. Kürzere Bälle gelten als Fehler.
- Ein Spieler macht abwechselnd nur Stops und Lobs, d. h., er versucht den Stop, den der Partner erläuft und zurückgibt, über diesen als Lob zu schlagen. Der Partner schmettert diesen Ball.
- Ein Spieler schlägt auf, folgt dem Aufschlag zum Netz und macht

einen bestimmten Flugball. Die Return-Richtung ist natürlich bekannt.

Wenn Sie mit Schläger und Bällen den Tennisplatz betreten, sollten Sie gut vorbereitet sein. Egal ob Sie nur zum Bälleschlagen antreten, eine Trainingsstunde oder ein Match haben. Nur so sind Sie wirklich in der Lage, Ihr bestes Tennis zu spielen, nur dann werden Sie den Spaß haben, den Sie mit Recht von Ihrem Hobby erwarten dürfen. Grundsätzlich sollte man folgendes beachten:

1 Überprüfung des »Werkzeugs«

Vor allem die Schläger müssen in Ordnung sein. Die Bespannung muß eventuell repariert oder erneuert werden. Das Griffband muß ausgewechselt werden, wenn es glatt und abgegriffen ist.

2 Inhalt des Tenniskoffers

Bevor man zum Platz fährt, sollte man noch einen Blick hineinwerfen, vor allem, wenn die Tasche jemand anders gepackt hat. Es ist zu ärgerlich, erst im Club zu merken, daß die Schuhe, das Handtuch oder die Socken fehlen.

3 Pünktlichkeit

Nicht nur aus Höflichkeit, sondern auch aus Eigeninteresse. Wenn man zu spät zum Training losfährt, sich dann in aller Hast umziehen muß, wirkt sich das aufs Spiel aus.

4 Gute Laune

Ärger im Beruf, mit der Familie, im Straßenverkehr gibt es immer. Man sollte ihn nicht am Tennispartner abreagieren. Schlechte Stimmung schadet der Tagesform.

5 Körperliche Bereitschaft

Fünf Minuten tennisbezogene Beweglichkeitsgymnastik in der Garderobe wirken Wunder,
und man ist dann fit zum Match.

6 Geistige Bereitschaft

Es wäre ungünstig für den Erfolg der Trainerstunde oder des Ranglistenspiels, sich allzu sehr von anderen Dingen ablenken zu lassen. Deshalb ist es gut, sich vor dem Spiel zu sammeln und zu konzentrieren.

Training

Training und Wettkampf sind **nicht** das gleiche. Schon gar nicht, wenn Sie in einer Mannschaft spielen. Es ist daher besonders wichtig und fair den Teamkollegen gegenüber, sich optimal vorzubereiten. Dazu sollte man das folgende beachten.

Langfristige Vorbereitung
(etwa zwei Wochen vor dem Match)

Planvolles Tennis-Training

Das ganze Schlagrepertoire wird auf Hochglanz gebracht, Trainer und Mitglieder der Mannschaft sind Trainingspartner.
Wichtige, auf den Gegner bezogene Spielschläge werden geübt.
Ein–, zweimal sollten Sie Sätze auf Gewinn spielen. Dabei wird der taktische Plan berücksichtigt.

Taktischer Plan

Mit Ihrem Trainer oder Partner sollten Sie erarbeiten und festlegen, wie der Gegner sinnvoll bekämpft wird.

Planvolles Fitness-Training

Auch konditionell sollte man sich auf das Match vorbereiten. Die auch sonst zweckmäßige Gymnastik und die Dauerläufe sollten beibehalten werden. Eine wichtige Grundvoraussetzung für Fitness ist der Schlaf, der unersetzlich ist.

Material
Ein neu besaiteter Schläger muß rechtzeitig eingespielt werden. Sollten die neuen Schuhe noch drücken oder reiben, ist es besser, auf die alten zurückzugreifen.

Vorbereitung auf das Match

Mittelfristige Vorbereitung am Tage des Matches

- Etwa eine halbe Stunde sollte man sich vor dem entscheidenden Spiel locker einspielen.
- Vor Beginn des Wettkampfes sollte man nur leicht Verdauliches zu sich nehmen.
- Beginnt das Spiel am Nachmittag, sollte man keinen Mittagsschlaf halten, denn der Kreislauf wird danach zu träge.
- Getränke hält man am besten schon vorher bereit, um im Ernstfall den Flüssigkeitsverlust auszugleichen.
- Leichte gymnastische Übungen bringen unmittelbar vor dem Spiel die notwendige Bewegungsbereitschaft.
- Die Überprüfung von Schläger, Handtuch, Schweißband, Stirnband und evtl. Sägemehl gegen Schwitzen in den Händen verhindert Pannen während des Spiels.

Kurzfristige Vorbereitung auf dem Platz

Durch das Los wird vor Beginn bestimmt, wer die Platzseite oder den Aufschlag wählen kann. Hat man die Wahlmöglichkeit, so muß man Sonne, Wind und evtl. die Platzverhältnisse berücksichtigen.
Die meist beschränkte zur Verfügung stehende Einspielzeit sollte optimal ausgenützt werden. Dabei dürfen einige Schmetterbälle und Aufschläge nicht vergessen werden.
Beobachtet man beim Einspielen seine eigenen Bewegungen, kann man unter Umständen noch den einen oder anderen Fehler abstellen.
Die Beobachtung des Gegners ermöglicht das Erkennen dessen Stärken und Schwächen, was dann beim Spiel helfen kann.

Taktik

Mit den erlernten Vorhand- und Rückhand-Schlägen, dem Aufschlag und dem Flugball hat man bereits eine solide technische Grundlage. Jetzt lautet die wichtigste Frage: Wie können die vorhandenen Mittel optimal eingesetzt werden?
Da Können relativ ist und stets in einem gesunden Verhältnis zum Aufwand und Talent gesehen werden sollte, besteht die Gefahr, daß sich der Spieler über- bzw. unterschätzt.
Um für ein bestimmtes Match eine der Spielstärke angemessene Taktik festlegen zu können, muß man sowohl eigene technische Fähigkeiten als auch die des Gegners genau einschätzen können.
Selbstverständlich hat der erfahrene Spieler damit weniger Schwierigkeiten als ein Anfänger. Genau deshalb kann man immer wieder beobachten, daß Tennis-Neulinge gravierende taktische Fehler begehen.
Oft ist der eigene Ehrgeiz die Ursache für derartiges Fehlverhalten.

Man hält sich daher am besten an die elementaren, taktischen Grundprinzipien, die für alle Spielstärken Gültigkeit haben:

- Verzicht auf Experimente. Man soll keine Schläge versuchen, die man noch nicht beherrscht.
  Bevorzugtes Einsetzen der starken Schläge.

- Vertrauen auf das eigene Können. Ängstliches, zaghaftes Spiel ist erfolglos.

- Ausnützen der Schwäche des Gegners. Hat man die schwachen Seiten des anderen erkannt, soll man sie anspielen.

Freundschaftliche Gesten sind für Anfänger und Fortgeschrittene nicht schwer zu erlernen.

Tips für Anfänger

Tennisanfänger sollten sich nicht allzu große Illusionen machen – sie werden noch erhebliche Probleme mit der Technik haben. Selbst für talentierte Neulinge ist das keine Schande, sondern normale Begleiterscheinung des Lernprozesses. Man darf allerdings jetzt nicht den Fehler machen und besser erscheinen wollen, als es dem Leistungsstand entspricht. Da man jedes Match gewinnen will, wird sich das eigene Spiel verkrampfen. Die Folge ist, daß sich unbemerkt Fehler einschleichen, die später nur schwer korrigiert werden können. Deshalb soll man ohne Hemmungen gegen etwa gleichstarke Partner antreten. Zusammen mit den Bemühungen des Tennislehrers wird auf diese Weise auch der Anfänger bald zum Fortgeschrittenen.

Taktik

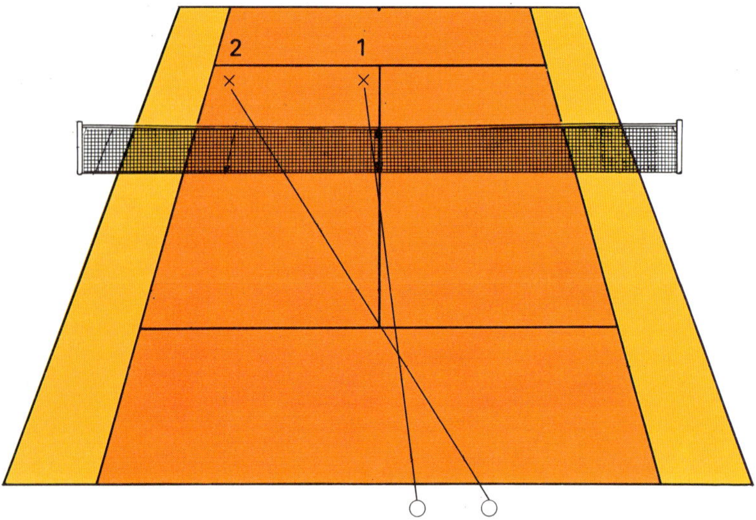

1 Richtige Stellung bei Aufschlag und Return

Stellung des Aufschlägers:
Man stellt sich zum Aufschlag zwischen 0,30 und 1,50 m links oder rechts von der Mitte der Grundlinie. An welchem Punkt man steht, hängt davon ab, wo man hinspielen will. Wenn man häufiger Punkt 1 auf der Zeichnung anvisiert, sollte man näher zur Mitte rücken; um auf Punkt 2 aufzuschlagen, soll man weiter außen stehen. Behalten Sie aber dann die gewählte Position für beide Schlagrichtungen bei, damit der Gegner nicht schon vorher weiß, wohin Sie jeweils schlagen wollen.

Stellung des Rückschlägers:
Zum Return stellt man sich etwa auf die Winkelhalbierende der bestmöglichen Aufschläge des Gegners. Die Position hängt demnach davon ab, wohin sich der Gegenspieler zum Aufschlag stellt. Entsprechend muß man etwas nach links oder rechts ausweichen. Man steht zunächst knapp hinter der Grundlinie, rückt jedoch auf (vor allem zum Return des zweiten Aufschlages), wenn der Aufschlag kurz und weich ist oder weicht etwas zurück, wenn er lang und schnell kommt. Nach dem Rückschlag wird sofort die Grundausgangsstellung eingenommen.

2 Richtige Stellung beim Grundlinienspiel

Den Schlag des Gegners erwartet man stets in der Mitte der Grundlinie. So hat man gleichweit zur Vor- bzw. Rückhand-Ecke.
Die Entfernung zur Grundlinie beträgt etwa einen halben Meter nach vorne.
Im Feld stehend, hat man mit den langen Schlägen des Gegners Probleme; zu weit hinter der Grundlinie erreicht man die kurzen Bälle nur schwer.

3 Sicheres Spiel

Man sollte unter Druck auf riskante Schläge verzichten. Der Cross-Schlag (Diagonalschlag) ist dem Longline-Schlag (Schlag der Seitenlinie entlang) vorzuziehen.

Der Cross-Ball ist sicherer, weil
- das Netz in der Mitte niedriger ist. Der longline gespielte Ball bleibt leichter am Netz hängen als der cross gespielte (1).
- die Diagonale länger als die Seitenlinie ist. Das macht immerhin 1,45 m aus. Soviel kann man »länger« schlagen, ohne daß der Ball ausgeht (2).
- er nach rechts und links, der Longline-Ball nur noch nach einer Seite Spielraum hat. Wenn der Cross-Ball von der Ideallinie etwas abweicht, bleibt er im Feld. Wenn der Longline-Ball etwas zu weit nach außen gespielt wird, ist er außerhalb (3).

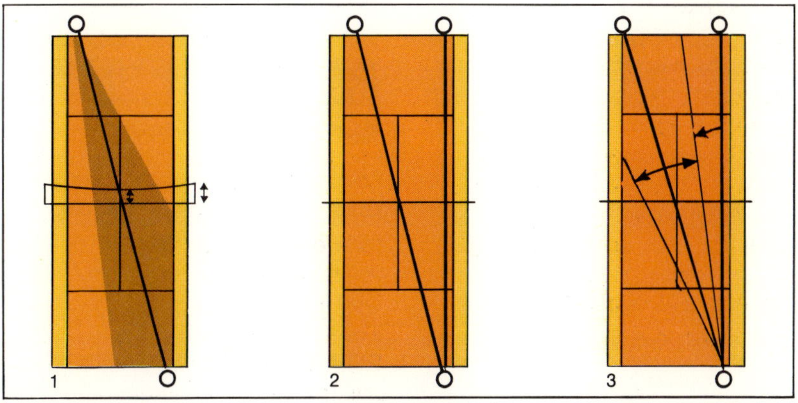

Taktik

Tips für den Fortgeschrittenen

Fortgeschritten kann man den nennen, der die Grundschläge schon recht gut beherrscht. Die Bälle müssen jetzt dahin gesetzt werden, wo sie am meisten Wirkung erzielen. Flugball und Schmetterball werden in das Spiel harmonisch eingebaut. Man sollte sich nicht scheuen, ein kalkulierbares Risiko einzugehen. Nicht nur Fehler vermeiden, sondern auch gelegentlich Punkte machen.

1 Länge der Grundlinienschläge

Die Länge des Schlages ist das Geheimnis des guten Spielers, denn Schläge zur Grundlinie sind schwer zurückzuschlagen (s. Bild rechts). Es ist übrigens besser ein-, zweimal zu weit zu schlagen, als ständig zu kurz zu bleiben. Denn, wenn der Ball immer wieder nur im Halbfeld des Gegners landet, bietet man ihm ständig Gelegenheit, erfolgreich anzugreifen.

2 Plazierung der Grundlinienschläge

Bevorzugter Plazierungspunkt ist die Vor- oder Rückhand-Ecke, je nachdem wo die Schwäche des Gegners ist. Der gut gesetzte, langsamere Ball hat eindeutig Vorrang vor dem schnelleren, schlecht plazierten.

3 Angriff ist die beste Verteidigung

Folgt auf einen langen Schlag ein kurzer, schwacher Ball des Gegners ins Mittelfeld, soll man nachsetzen. Mit dem Angriffsball rückt man ans Netz vor.
In der Netzposition muß der Platz gut abgedeckt werden. Nahe am

Netz setzt man den Flugball seitlich (Cross) weg.
Weiter hinten (T-Linie) wird er eher longline gespielt. Man muß am Netz immer mit einem Lob rechnen. Ein gut gelungener Lob wird mit einem langen Schmetterball, ein schlechter, kurzer mit einem Schmetterball zur Seite beantwortet.

Hier sieht man wie schwierig es ist, einen lang gespielten Ball gut zurückzuschlagen.

4 Variation des Spiels

Spieler mit Phantasie und Risikobereitschaft sind hier im Vorteil. Schlagrichtung, Schlaghöhe (flach oder hoch), das Schlagtempo (schnell oder langsam) und eventuell die Schlagart (Slice, gerader Schlag oder Topspin) können geändert werden. Man vermeidet so, daß der Gegner sich auf die eigene Spielweise einstellt. Niemals soll man ein erfolgreiches Spielsystem wechseln, egal wie viel oder wenig Variationen es bietet.

Tips für den Turnierspieler

Der gute Turnierspieler beherrscht sein Handwerk. Er weiß aus Erfahrung, was er den einzelnen Schlägen zutrauen, auf welchen Ball er sich auch unter starkem gegnerischen Druck verlassen kann. Er kennt genau seine Schwächen, die er versucht, optimal abzudecken. Die Technik ist schließlich ein Mittel zum Zweck, ordnet sich seinem taktischen Plan unter. Andererseits muß er beim Aufstellen eines Planes seine technischen Möglichkeiten bedenken.
Der erfahrene Turnierspieler paßt sich den veränderten Platz- oder Witterungsbedingungen an, anstatt darüber zu schimpfen. Er weiß, daß sein Erfolg hauptsächlich von seinem Siegeswillen, seiner Kampfmoral abhängt. Darum ärgert er sich nicht über leichte Fehler, Schiedsrichterfehlentscheidungen oder Glücksbälle des Gegners. Das ist er sich, seinem Ruf und nicht zuletzt seiner Mannschaft schuldig. Um seine Mannschaftskameraden unterstützen zu können, ist auf jeden Fall eine sorgfältige Vorbereitung auf jedes Match notwendig. Nur so können alle Unwegbarkeiten des Tennisspiels einigermaßen beherrscht werden.
Halten Sie sich an diese Grundeinstellung, wenn Sie noch nicht ganz so erfahren sind.

1 Spielen Sie nach Plan

Zur Erstellung eines Spielplans ist es wichtig, rechtzeitig zu erfahren, wo der Gegner seine Stärke und seine Schwächen hat. Danach wird mit dem Trainer oder Mannschaftskollegen ein entsprechender taktischer Plan, selbstverständlich auch unter Berücksichtigung der eigenen Fähigkeiten festgelegt. Es ist wichtig, daß man sich im Match an dieses Konzept hält. Man muß ja nicht gleich in den ersten zwei Spielen erfolgreich sein. Nicht immer jedoch stellt sich auch der gewünschte Erfolg ein. Dann sollte man flexibel genug sein und eine andere Taktik wählen.
Aber merken Sie sich: Planloses Tennis ist schlechtes Tennis.

2 Spielen Sie situationsbezogen

Jede Chance, die sich bietet, muß konsequent ausgenützt werden. Dazu darf man kurzfristig den taktischen Plan vergessen. Wenn Sie z. B. von der Grundlinie aus Ihr Spiel aufzuziehen beabsichtigen, sollten Sie trotzdem auf einen kurzen, schwachen Ball Ihres Gegners zum Netz aufrücken, um mit dem Flugball zum Erfolg zu kommen. Wer sich nach einem taktischen Plan richtet, muß nicht bei jedem Ballwechsel stur an ihm festhalten. Man muß allerdings wachsam sein. Der regelmäßige kurz gespielte Ball kann auch absichtlich sein, um ans Netz zu locken. Die Stärke des Gegners könnte der Passierball sein! Man soll sich an die große Linie, den Plan halten. Man muß jedoch beweglich genug sein und unerwartet auftauchende Möglichkeiten konsequent ausnützen.

3 Halten Sie Ihren Gegner unter Druck

Man soll versuchen, das Spiel zu spielen, mit dem man am besten zurecht kommt. Das heißt, man drängt durch ständiges druckvolles Spiel den Gegner so in die Defensive, daß die eigene Spielweise voll zur Geltung gebracht werden kann. Das gilt sowohl für das Grundlinienspiel als auch für das Netzspiel.

Doppel ist Teamwork! – und nicht Einzelspiel, begrenzt auf eine Platzhälfte. Erst wenn Sie dies verstanden und akzeptiert haben, können Sie ein guter Doppelpartner sein.

Die Wahl des Partners

Eines der Geheimnisse des guten Doppelspiels ist zweifellos die Wahl des geeigneten Partners. Er sollte daher einige Voraussetzungen erfüllen, die ein harmonisches Zusammenspiel garantieren:

Sympathie untereinander

Man sucht sich selbstverständlich einen Partner aus, den man sympathisch findet. Da man für Sieg und Niederlage gemeinsam verantwortlich ist, sollte man auch privat gut harmonieren.

Spielkönnen und Spielauffassung

Die Ansichten über Tennis im allgemeinen und Doppel im besonderen sollten sich decken. Man muß an die Fähigkeiten des Partners glauben. Wenn so Vertrauen in das Spielkönnen des anderen besteht, ist die Grundlage zu einem erfolgreichen Doppel vorhanden.

Gemeinsames Training

Es dauert lange, bis aus zwei Individualisten ein gutes Team wird. Sie sollten daher langfristig planen, wenigstens eine Saison gemeinsam kämpfen und trainieren. Gerade das systematische, regelmäßige Doppeltraining formt eine Mannschaft.
Neben diesen menschlich-privaten Aspekten des Doppelspiels gibt es die nicht minder wichtige organisatorisch-technische Seite. Auch hier müssen grundsätzliche Voraussetzungen erfüllt werden:

Wer spielt rechts, wer links?

Das kommt darauf an, wer von welcher Seite die besseren Returns schlägt. Der Vorhand-Spezialist und Rechtshänder sollte in der rechten Platzhälfte, der Rückhand-Spieler und Linkshänder in der linken Platzhälfte stehen.

Wer führt das Doppel?

Obwohl die Partner gleichberechtigt sind, sollte einer das Doppel führen. Besonders in der Anfangsphase ist dies wichtig. Der Führende bestimmt durch Zuruf, wer den Ball in der Mitte schlägt, wer nach dem Lob läuft, wann gemeinsam zum Netz aufgerückt bzw. nach hinten gegangen wird. Führen oder sich führen lassen sind Eigenschaften, die nicht jedem gegeben sind.
Der Führende muß nicht der bessere, wird vielmehr meist der erfahrenere Spieler sein. Einem Team, bei dem beide oder keiner führen wollen, wird auf die Dauer die Harmonie fehlen.

Ausgangsstellung und Angriffsrichtung der Doppelspieler

Der Aufschläger
Man schlägt etwa 1–2,50 m links bzw. rechts von der Mitte der Grundlinie auf. Der genaue Ausgangspunkt hängt einmal davon ab, wohin man aufschlagen will (Rückhand oder Vorhand), und zum anderen, ob man mit dem Aufschlag ans Netz läuft. Wenn man nach dem Aufschlag an der Grundlinie bleibt, sollte man wegen der Platzabdeckung von weiter außen aufschlagen (etwa 1,50–3,50 m von der Mitte). Die genaue, günstigste Ausgangsposition läßt sich schon bald mit der wachsenden Erfahrung finden.

Der Netzspieler
Der Netzspieler stellt sich in die Mitte des eigenen Aufschlagfeldes, dem Retournierenden gegenüber. Abhängig von der Reaktion und Sprungkraft kann man noch etwas näher ans Netz gehen. Ist man nicht ganz so schnell, geht man einen Schritt zurück, um einen eventuellen Lob abzudecken. Die endgültige Position ist auch vom Aufschlag des Partners abhängig. Schlägt er nach außen auf, sollte man etwas (ca. 50 cm) zur Seitenlinie rücken, um den möglichen Return longline zu erreichen. In jedem Fall versucht man den schwachen Rückhandschlag des Gegners abzufangen. Das ist die wichtigste Aufgabe des Netzspielers.

Der Rückschläger
Als Retournierender erwartet man den gegnerischen Aufschlag in der gleichen Position wie beim Einzel. Die endgültige Stellung richtet sich auch im Doppel nach der des Aufschlägers. Man rückt auf, wenn der zweite Aufschlag schwach gespielt wird.
Der Return wird hauptsächlich auf den Aufschläger cross zurückgeschlagen. Gelegentlich soll man einen Lob oder Longline-Rückschlag dazwischenstreuen.

Der Partner des Rückschlägers
Die Position des »Vierten« ist etwa in der Mitte der Aufschlaglinie seiner Platzhälfte. Je besser der Return seines Partners gelungen ist, desto schlechter wird wahrscheinlich der zweite Schlag des Aufschlägers sein und desto näher sollte man an die Mittellinie rükken, um diesen vom Aufschläger kommenden schwachen Ball aus der Luft wegzusetzen. Wenn beide von der aufschlagenden Partei zum Netz aufgerückt sind, der eigene Partner dagegen an der Grundlinie bleibt, darf man nicht in der oben beschriebenen Position bleiben, sondern muß sich ebenfalls zurückziehen (gleiche Höhe mit dem Partner einhalten).

Positionen der Spieler beim Aufschlag

Während des Ballwechsels versuchen beide Doppel die Netzposition zu erreichen

Taktik im Doppel

Tips für den Anfänger

1 Bringen Sie den ersten Aufschlag ins Feld

Die Wahrscheinlichkeit mit einem harten Aufschlag den Punkt zu machen, ist ziemlich gering. Der schwache zweite Aufschlag wird vom Gegner meist zu einem Angriffsschlag ausgenützt. Es ist also zweckmäßig, den ersten möglichst ohne Risiko zu plazieren.

2 Spielen Sie am Netz

Keine Angst vor dem Flugball! Auch mit Grundlinienschlägen macht man Fehler. Warum also nicht ans Netz gehen? Zum Flugballspiel stellt man sich aber nicht auf die T-Linie, sondern möglichst nahe ans Netz. Je näher man am Netz steht, desto leichter ist der Flugball. Und wer das Netz beherrscht, gewinnt das Doppel.

3 Halten Sie sich nicht im »Niemandsland« auf

Entweder man stellt sich 50 cm bis 1 m hinter die Grundlinie oder in die Mitte zwischen T-Linie und Netz. Zwischen Grundlinie und T-Linie steht man auf verlorenem Posten. Dieses Feld sollte nur zum Durchlaufen nach vorne oder zurück betreten werden.

4 Seien Sie beweglich

Vor allem der Netzspieler soll sich ständig bewegen, weil er so leichter und schneller reagieren kann. So kann man besser den schwachen Rückschlag abfangen oder den Lob wegschmettern. Außerdem lenkt ein sich ständig bewegender Netzspieler den Gegner ab. Er kann sich dadurch nicht ausschließlich auf den Rückschlag konzentrieren.

5 Helfen Sie sich gegenseitig

Der Führende soll klare und hörbare Anweisungen geben. Der andere aber soll diese Anweisungen bereitwillig ausführen, denn sonst endet das Spiel bald im Chaos. Man kann sich gegenseitig helfen, Aus-Bälle zu erkennen; man kann dem Partner signalisieren, daß seine oder die eigene Schlagposition die günstigere ist. Wenn man sich auf diese Weise hilft, wird man als Doppel schnell Fortschritte machen.

Taktik

Tips für den Fortgeschrittenen

1 Schlagen Sie auf Rückhand auf

75 % der ersten Aufschläge und ein noch größerer Teil der zweiten von der rechten Seite sollten auf die Rückhand des Gegners gespielt werden. Der Return ist auf Rückhand wesentlich schwieriger, deshalb ist man vor dem gefährlichen Longline-Ball und dem kurzen Cross-Ball einigermaßen sicher.
Auch beim Aufschlag von links empfiehlt es sich, mehr die Rückhand anzuspielen. Zwar muß der Netzspieler jetzt mit dem Longline-Return rechnen, aber gerade diesen Schlag gut auszuführen, ist besonders schwierig.

2 Spielen Sie auf gleicher Höhe

Man soll stets, mit Ausnahme beim Aufschlag, neben dem Partner spielen. Steht der eine am Netz, während der andere an der Grundlinie bleibt, besteht die Gefahr, daß der Gegner diagonal durch den ungedeckten Raum spielt. Also, entweder stehen beide vorne oder beide an der Grundlinie.

3 Spielen Sie näher am Netz als Ihre Gegner

Am besten ist es, eine möglichst netznahe Position einzunehmen. Je näher man am Netz steht (zwischen 1,50 m und 2 m vom Netz), um so sicherer wird der Flugball verwandelt. Wenn man dagegen zu weit vom Netz entfernt ist, wird der Ball auf die Füße gespielt. Diese tiefen Bälle sind sehr schwer zu nehmen. Vor Lobs braucht man in dieser Position keine Angst zu haben. Schlechte Lobs kann man leicht schmettern, guten Lobs läuft man nach, läßt sie aufspringen und spielt sie seinerseits als Lob zurück.

4 Spielen Sie die Mitte an

Der schwächste Punkt eines am Netz stehenden Doppels ist die Mitte. Man soll deshalb Grundlinienbälle und Flugbälle auf diesen neuralgischen Punkt spielen. Stehen die Spieler der gegnerischen Mannschaft versetzt, d. h., einer am Netz und einer an der Grundlinie, dann soll der hintere Spieler angespielt werden.

5 Spielen Sie nach Plan

Vor dem Match muß man mit seinem Partner einen Plan für das taktische Vorgehen festlegen. Ist einer der Gegner beispielsweise ein guter Überkopfspieler, macht man aus, eben diesen nicht zu überlobben. Man sollte sich jedenfalls über derartige Dinge vorher abstimmen, damit während des Spiels keine Unstimmigkeiten aufkommen können.
Gerade im Doppel ist der Plan wichtig.

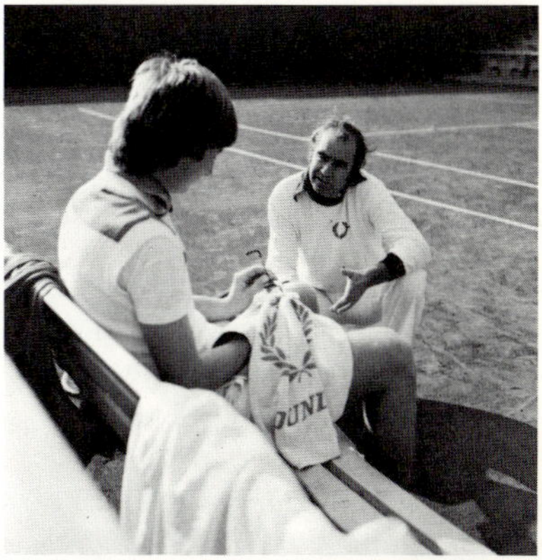

Ein Fachmann sollte Sie das ganze Match über beraten

Zuviele Berater nützen dem Spieler nicht, sie schaden eher.

Matchbetreuung

Lassen Sie sich gut beraten. Bei wichtigen Mannschaftswettbewerben werden Sie, unabhängig von Ihrer Spielstärke, meistens betreut. Sprechen Sie sich vor dem Spiel mit dem dafür in Frage Kommenden ab. Sorgen Sie dafür, daß Sie nur von **einer** Person beraten werden, dafür aber während des gesamten Matches. Wenn sich alle 10 Minuten ein anderer mit schlauen taktischen Ratschlägen an Sie wendet oder gar drei gleichzeitig auf Sie einreden, wird es kaum möglich sein, konsequent nach Plan zu spielen. Viele Köche verderben den Tennis-Brei.

Kondition

Jedermann, Sportler wie Nichtsportler, weiß, daß die körperlich-seelische Verfassung eines Menschen ständig schwankt. Dieser Zustand, den man in der Fachsprache als »Form« bezeichnet, ist stark abhängig von Umwelteinflüssen und Lebensweise. Während man als Tennisspieler keine Möglichkeiten hat, Wetter, Klima, Platzverhältnisse u. a. zu beeinflussen, kann man doch weitgehend die Lebensweise bestimmen. Sie alleine entscheiden, was Sie essen, trinken oder nicht (Alkohol), ob Sie rauchen, früh zu Bett gehen, wie oft, wie intensiv Sie trainieren, ob Sie sportlich oder unsportlich leben. Sie können also auf Ihre Form stabilisierend einwirken, indem Sie Ihre Lebensweise nach Ihren tennissportlichen Erfordernissen ausrichten.
Wenn man auch als Hobbyspieler nicht gezwungen ist, spartanisch enthaltsam zu leben, so sollte man doch die rein körperliche Seite Ihrer Kondition in guten, möglichst besten Zustand bringen.
Sollten Sie nicht regelmäßig dazu kommen, an Ihrer körperlichen Verfassung zu arbeiten, wäre es ratsam doch wenigstens hin und wieder etwas zu tun, um die hauptsächlichen Schwächen – Sie haben doch sicher welche – auszumerzen.

Von einem Tennisspieler erwartet man, daß er . . .

schnell ist

Er sollte ständig nach links, rechts, vor und zurück sprinten können.

ausdauernd ist

Ein Match dauert nicht selten 2–3 Stunden, oft müssen mehrere Spiele absolviert werden.

beweglich ist

Er muß sich strecken, beugen. Fuß-, Knie- und Hüftgelenk bzw. Hand-, Ellenbogen- und Schultergelenk sollten deshalb elastisch, locker und geschmeidig sein.

kräftig ist

Vor allem durch sich ständig wiederholende Belastungen der Bein- und Schultergürtelmuskulatur benötigt er eine hohe Kraftausdauer in diesen Bereichen.
Je erfolgreicher der Spieler ist, um so deutlicher sind die körperlichen Fähigkeiten ausgebildet und um so intensiver wird er ständig daran arbeiten, sie zu verbessern. Der gute Spieler weiß genau, daß er nur dann seine Technik und Taktik optimal einsetzen kann, wenn er wirklich fit ist. Dazu bedient er sich unterschiedlicher Trainingsmethoden, alle tennisbezogen und individuell auf die einzelne Person abgestimmt.

ROMIKA

Zirkeltraining

Selbstverständlich kann man als Hobbyspieler den Tagesrhythmus nicht ausschließlich dem Tennis unterordnen. Meistens muß es daher genügen, regelmäßig zu spielen, da die ohnehin knapp bemessene Freizeit ein zusätzliches Konditionstraining nicht ermöglicht.
Sollten Sie trotzdem wieder einmal ca. 15 Minuten übrig haben, hier ein paar Beispiele eines gezielten tennisspezifischen Zirkel-Trainings, in dem jeweils zwei, drei Übungen auf die verschiedenen Bewegungsfähigkeiten (Schnelligkeit, Ausdauer, Kraft, Beweglichkeit) abgestimmt werden.
Üben Sie alleine, mit der Familie oder Ihrem Partner. Es wird Ihnen sicherlich Spaß machen.
Aber: Üben Sie nur, solange Sie sich wohlfühlen. Sonst sollten Sie eine Pause machen oder das Training beenden.

Zirkel-Training

Beim Zirkel-Training werden mehrere Stationen (4–12) nacheinander in einem »Zirkel« (Umlauf) durchlaufen. An jeder Station wird zwischen 15 und 30 Sekunden lang die zuvor festgelegte Übung absolviert. Während einer Pause von 10–60 Sekunden, bzw. ohne Pause, wird zur nächsten Station gewechselt. Die Anzahl der Wiederholungen der einzelnen Übungen kann gezählt, notiert und mit späteren Ergebnissen verglichen werden, was eine gute Leistungskontrolle ermöglicht. Man kann aber auch an den jeweiligen Stationen eine feste Übungsanzahl festlegen, unabhängig von der Zeit. Diese Art garantiert, daß jeder Teilnehmer das gleiche Pensum absolviert.

Familien-Zirkel im Wohnzimmer

Geräte: Stuhl, Ball
Jedes Familienmitglied stellt sich an eine andere Station.

1. Mit dem linken und rechten Fuß abwechselnd auf einen Stuhl hinauf und hinunter springen bzw. steigen.
2. Bauchlage und Rückenlage abwechselnd einnehmen.
3. Hampelmannsprung.
4. Grätschstand, vorbeugen mit Armschwingen (Kraul) vorwärts und rückwärts.
5. Liegestütz; mit der linken und rechten Hand abwechselnd auf den Boden klatschen.
6. Laufen am Ort mit Knieheben.
7. Sitz am Boden, heben der Beine über einen Ball, jeweils links und rechts den Boden berühren.
8. Grätschstand, Rumpfbeuge vorwärts; Hände berühren die Füße, die Beine bleiben durchgestreckt, danach aufrichten.

Zirkel im Hof

1. Liegestütz; mit den Händen abwechselnd auf die erste Treppenstufe steigen und zurück.
2. Springen auf eine Bank, niedere Mauer etc. und zurück.
3. 10-m-Sprints. Markierung auf dem Boden mit der linken bzw. rechten Hand berühren.
4. Beid- oder einarmiges schnelles Hochstemmen von mittelschwerem Gegenstand, z. B. Stuhl, kleiner Balken, Stein etc.
5. Hocksprünge seitlich über Markierung.
6. Klappmesser; Rückenlage, die gestreckten Arme und Beine gleichzeitig anheben, bis sie sich berühren.
7. Tennis-Ballwerfen gegen die Wand; Abstand 1–2 m, abwechselnd links werfen, rechts fangen bzw. rechts werfen, links fangen.
8. Aus dem Stand nach hochhängenden Gegenständen springen.

Zirkel auf dem Sportplatz, Wiese etc.

Gerät: Springseil

1. Knieheben; Oberschenkel berühren abwechselnd die Brust.
2. Bauchlage – Hände ausgestreckt vor dem Kopf – aufrichten zum Kniestand, Hände hinter dem Rücken zusammenklatschen.
3. Schlußsprünge mit dem Seil.

4. Liegestütz mit Händeklatschen.
5. Strecksprung aus der Hocke.
6. Ellenbogen – Unterarmschlag; Schlaghalte, Ellenbogen sind nach oben hinten gedrückt, Fingerspitzen zeigen zueinander; Arme gestreckt nach hinten schlagen, Handflächen zeigen nach oben, zurück in die Schlaghalte.
7. Seitgrätschstellung – Ausfallschritte nach links und rechts; Oberkörper berührt dabei den Oberschenkel.
8. Sprints; von Torlinie bis zur 16-m-Raum-Linie (Fußballplatz), Linien mit der rechten bzw. linken Hand abwechselnd berühren.

Zirkel auf dem Tennisplatz

z. B. während des Mannschaftstrainings.
Geräte: Medizinball, Handtuch

1. Einbeiniges Hüpfen über Tennisschlägerfläche, Beinwechsel nach 15 Sekunden.
2. Sit-up; Rückenlage, Beine leicht angewinkelt; aufrichten des Oberkörpers zum Sitz.
3. Sprints von einer Außenlinie zur anderen; mit der linken bzw. rechten Hand die Linie berühren.
4. Rumpfdrehbeuge rückwärts; linke Hand berührt die rechte Ferse, aufrichten, rechte Hand die linke Ferse – die Hüfte bleibt gestreckt, nicht absenken.
5. Liegestütz; anhocken und strecken der Beine.
6. Handtuchkreisen. Das Handtuch wird mit beiden Händen gehalten und kreist um den Körper; vorne runter, darüber steigen, links hoch usw.
7. Werfen eines Medizinballes über eine Schnur, Stange etc. mit anschließendem Auffangen.
8. Rumpfbeugen; Hände berühren abwechselnd linken und rechten Fuß, zwischendurch ganz aufrichten; gestreckte Beine.
9. Känguruhsprünge; Sprung am Ort, bei dem die Oberschenkel die Brust fast berühren.
10. Springen (flanken) über Platzbegrenzung oder Abteilung (1 m hoch).
11. Bauchlage, die vor dem Kopf ausgestreckten Hände halten einen Tennisschläger; Tennisschläger abwechselnd auf Kopf und Stiel stellen.
12. Tennisball zwischen den Beinen hinter dem Rücken hochwerfen und vorne fangen.

Selbstverständlich können alle diese Übungen untereinander ausgetauscht werden bzw. den örtlichen Verhältnissen angepaßt werden. Der Zirkel muß auch nicht aus 8 oder 10 Stationen bestehen. Keineswegs sind die einzelnen Übungen an den Zirkel gebunden. Sie können auch einzeln durchgeführt werden, um bestimmte Muskelpartien besonders zu trainieren. Vor allem sollte man regelmäßig üben, z. B. zweimal pro Woche. Einmal im Jahr einen Test durchführen reicht nicht aus, um die Leistungsfähigkeit zu verbessern. Wichtig ist, daß das Zirkeltraining, wenn es auf Leistung durchgeführt wird, niemals in »kaltem« Zustand begonnen wird. Da alle diese Zirkel in verhältnismäßig kurzer Zeit absolviert werden können (zwischen fünf und fünfzehn Minuten), kann man sie auch ohne Probleme ins bestehende Tennistraining mit einbauen. Besonders beim Gruppentraining hat sich dies gut bewährt. Es sind also nicht zusätzliche Konditionsnachmittage notwendig.

Bei all diesen Übungen fehlt das Dauerlauf-Training. Es ist jedoch unerläßlich, wenn man Ausdauerprobleme hat und ans Turnierspielen denkt. Beginnend mit 5 Minuten Dauerleistung steigert man allmählich auf 30–45 Minuten. Waldläufe sind dazu besonders geeignet (natürliche Steigungen und Gefälle).

Der Tennisplatz selbst bietet viele Möglichkeiten für das Konditionstraining des Tennisspielers.

Mehr vom Tennis...